幸せに生きられる
ZENホメオパシー7

人生を幸せに生きるための奥義

由井寅子
Hom.Dr.Hom.／Ph.D.Hom.
HMA名誉会員MHMA・MARH（認定ホメオパス）
日本ホメオパシー医学協会名誉会長

目次

■本書は、2020年5月5日豊受DAY（東京）と2020年8月8日（東京）で行われた、由井寅子による『人生を幸せに生きるための奥義』講演録をもとに、加筆、編集したものです。

■熊野古道の峯入り

今日はですね、私が生きてきていろんなことに遭遇し、どうそれを乗り越えていったかという集大成になります。生きるための哲学みたいな感じで聞いていただければ嬉しいです。よろしくお願いします。

まず先月、私が熊野古道に行ったときの様子を見ていただきたいと思います。

ＤＶＤをお願いします。

〈ＤＶＤ開始〉

※ものすごい風と雨のなか、山のなかを歩いている映像や道が川のようになっていて、そのなかを歩いている映像が流れる。

〈ＤＶＤ終了〉

私は熊野の神さまから「熊野信仰をしなさい。熊野信仰について勉強をしなさい」と、導師を通してですけど言われましてね、言われたらすぐやるんです。こうして先月、７月の5日と6日、猛烈な雨が降りしきるなか行きました。本当に大変でした。7月は日本中が記録的な豪雨にみまわれ、日本豊受自然農も大きな被害を受けました。その記録的な豪雨の真っ只中、熊野古道を歩いたのです。

熊野三山と言いますけれど、三山どころじゃないですよ。山だらけなんですね。ここは山がいっぱいあって、日本で一番水を蓄えられる所なんです。山の高さはそれほどでもなく、高くても1100メートルぐらいなんですけれど、雨と水の量がものすごかったです。だから日本一の那智の滝もできたのですね。

その熊野古道を歩きながらご神仏さまに感応するという峯入り行をしました。霊験あらたかな古代から存在する熊野信仰は、何といっても熊野古道を歩いて熊野本宮大社まで行くことですが、かつて日本全国から集まる信者がまるで蟻の行列のようになるほどの人気で、多くの人々が山を越え、谷を越え、お参りに来たのです。そして本宮にたどり着いたとき、感極まって泣き崩れたそうです。大の大人が大泣きに泣いていたようですね。何日分もの着替えや食料を持って、険しい道を何日もかけて歩いてやっと辿り着くのでしょう。その苦労は並々ならぬもので、やっと神さまに会えたときにありがたさもひとしおなのだと思います。

私も2日間かけて30キロを幾重の山を上がったり下がったりしながら、大雲越え、小雲越えをして歩きました。大雨大風もあって1日15時間かかりまして、2日間の着替や水もありますから荷物が重くて重くて、いや大変でした。

那智大社のある青岸渡寺から出発するんですけど、朝5時からの勤行が終わり、いざ出発しようとしたら、お寺のお坊さんがこんな天気だから止めた方がいいとしきりに止めるんですよ。でももう神さまに行くと言っているから行くしかないんですね。最後は振り切るように出発しましたけれど……。後でこの坊さんは青岸渡寺の副住職で、真冬の冷たい水で40分も滝行するというすごい人だと知り

ました。

このような悪天候でしたから、出会う人も一人もおらず、２日目、途中９本もの滝を横切り歩きました。いや、素晴らしかった。飲み水がなくなった私の喉を潤してくれた滝の水に感謝しながら、ここは滝も石畳も岩も大雨も大風も霧もシダの美しい黄緑も、そしてその怒涛のような水を集めて流れる熊野川も、神さまなのだと確信しました。

天候的にも距離的にも今まで一番苦しい峯入りとなりました。本当に15年間峯入りしたなかで一番大変だったのです。最後に熊野本宮大社に着いてお参りさせてもらったときに、私も自然と泣いてしまいました。ありがたくて……。ひとしおだったのですね。やっと神さまにお会いできたと思って。昔の人々の気持ちがよくわかりました。先祖の方々の信仰の深さを思い知った峯入りでもありました。


〈ＤＶＤ開始〉
※氾濫しそうなほどの水の量と大雨のなかの熊野川の映像
〈ＤＶＤ終了〉

こうやっていろんなところから水を集めて濁流のようになっていた熊野川です。熊野川を中心にしてここは自然信仰なんですね。雨のなか、木々のなか、昔から置いてある石畳のなかに神さまを見るという自然信仰の賜物だと思いましたね。

その石ですけどね、千年前からあるみたいでつるつるで滑るんですよ。もうね、石を置いてもらわんほうがよかったぐらいなんですね。皆で歩いたから、磨り減ってつるつるになっているんですよ。

こんなに大雨だし大風だし人っ子一人いない。誰にも出会わない。ところが熊に出会ったのですよ。向こうもびっくりですよ。さすが熊野古道。でも熊の方から一目散に

逃げてくれました。私も怖いけれど、向こうも怖いんだとわかりました。でも熊も神さまなんですよ。

熊野古道を歩きまして、大自然の神々に出会えたことにすごくありがたいと思いました。まあね、この人生が熊野古道の山を一つ一つ登っていく、降りていくのと似ているのかなと思いました。

■由井寅子の半生

私の人生を振り返ってみました。この人生は辛く苦しいことが多かった、はっきり申し上げますけれど……。それは、人生とは何か？　命とは何か？　人間はどう生きるべきか？　ということがまるでわかっておらず、「人に迷惑をかけてはいけない」とか「美人でなければならない」とか「女らしくあらねばならない」とか「お金を稼がなければならない」とか「人より優れなければならない」などのこの世的価値観にどっぷり囚われていたからです。他人と自分を比較して、できない自分を責め、できている人をうらやまく思い、嫉妬していました。

「人に迷惑をかけてはいけない」と考えている日本人、すごく多いですよね。インド人は、「どうせ人は人に迷惑をかけるものだから、自分が人に迷惑かけることも、人が自分に迷惑をかけることも全部許していこう」と考えるのですよ。このインドの哲学は素晴らしいと思います。日本ではね、「迷惑をかけてはいけない。どんなことがあってもSOSを出してはいけない」とかね、自分への縛りがかなり強いです。

「人より優れなければならない」と考えているのは、私だけじゃなくてみんなそうです。だからこうね、比較してより優れよう、優れようと競争、争いが絶えない世の中になっています。

そのような世の中でね、私もできる人間になろうと思って必死に努力して頑張ってきました。それでもうまくいかないときに激しく自分を責めました。「やっぱり自分は駄目だな」と。そういうときに自分の存在価値を失ってしまうのです。そうして「自分は存在してよいのだろうか？」と思ってしまうのです。心が沈んで鬱になるんですよ。人に責められても自分が自分を責めなければ鬱にはなりません。

そしてとうとう潰瘍性大腸炎になってですね、1日に30回以上の血便が出て、体重も38

キログらいに減っちゃって、何もできない状態になりました。今はね、60キログらいありますけれど……。会社からも肩を叩かれて、「由井さん、長期休暇していいよ」。「嗚呼《ああ》！とうとう駄目人間になってしまった。あの努力と頑張りは何だったんだろうか？」と思いましたね。

母の価値観、「働かざるもの食うべからず」「女だろうが弱音を吐かず男並みに働け」を私は信じて頑張ってきたわけですね。体のことなんか顧みずに働きに働き抜いてきた、それが私の人生でした。実際、母も男並みに働いてきたのですよ。女手一人で3人の子どもを育ててね。そのうえ婆ちゃんもいましたからね。

母は病気になることもなく88歳まで生きて、最後に「辛い人生だった。こんな人生は二度としたくない。わしは二度と生まれてこん」と言って死んだのです。いや、大変だったんだろうなと思いますよ。

一方、私は潰瘍性大腸炎になりましてね、働くことができない体になってしまいました。駄目人間、最低の人間になってしまいました。でも、そのお陰で私は、この生き方、考え方が間違えていることに気づくことができました。駄目人間といっても、それは母の価値観で駄目人間ということだけだったんですね。その駄目人間な自分を許すことで、やっと

「男並みに働かなくてはならない」という価値観を緩めていくことができました。

また、よい導師にもめぐり逢い、指導していただき、生きることがすごく楽になってきまして、自分本来の命を生きることができるようになったのです。潰瘍性大腸炎になってホメオパシーと出会ったのも縁ですし、この導師と出会ったのも縁ですし、誠にありがたい縁であります。

潰瘍性大腸炎のときは、会社にも行けず、何もすることがなく、自分を省みるしかありませんでした。

「思えばいらん子として生まれた自分は、誰からも大事にされたことがなかったな。誰か私を労わってくれた人などいただろうか」。

「父はすでに死んだというのに、なぜお前はここに生まれてきた。なぜわざわざこんな貧乏な由井家に生まれてきた。お前がいたら畑仕事ができず、みんな食えなくなって死んでしまうじゃないか。寅子、お前は生まれる必要がなかったんだよ」。

こんなことを母や婆ちゃんからいつも言われていました。

だから「役に立たねば殺されちゃう」「足手まといになると命とられちゃう」と信じていましたので、小さくとも必死で働きました。そのため脊柱側弯にもなりました。まだ骨が柔らかくて伸びているときに、重たいものを担がなければならなかったからです。本当にね、いらん子ですから、言いたいことも言えず、「おみそ汁、もう一杯」も言えなかった。遠慮して遠慮して生きてきたかな……。

私の心の奥底には、「自分は生きる価値もない人間である」「存在してはいけない人間である」という価値観がどっかりとありまして、そこから逃げるために必死になって頑張ってきたわけですね。だから働いて過労死するんだったらそれもいいだろうと思って、自分の命を粗末にして、よう働いていました。厳しいばかりの人生で早く死ぬことばかりを願っていたかな。だから折々に嫌な事件があると、「あー、またみんなで私を否定するんだ」と死にたくなりましてね。

でもね、生きてこられたのは、自然のなかにね、神々を見出し、その自然の神々が私を愛してくれたからだと思うのですよ。それが花だったんだな、それが木々だったんだな、それがそよ風だったんだな、それがひばりの囀りだったんだな、それが海や露のキラキラだったんだな。そこにね、神聖なるものを感じてね、そして自分のなかにある何か尊いものが共鳴して、その都度私は救われてきたんです。そしてやっぱり生きていこうと思ったんですね。

そして、いつか母が「お前も大事な大事な家族の一員だよ」と言ってくれることを夢見て、また頑張っていこう、また生きていこうと思いました。しかし、その願いはとうとう最後の最後まで叶いませんでした。この願いが叶わなかったのは、等身大の白分を見る勇気が私にはなかったということです。

等身大の自分とは、自分は母から好かれてないという事実です。好かれてないというよりは嫌われているという事実です。嫌われているというよりは、自分は母から死んでくれたらいいのに、と思われている存在であるという事実です。それが等身大の母と私の関係だったわけですよ。

しかし子どもの私がそんな等身大の自分を認めることなどできるわけもなく、見ないように見ないように蓋を閉めて、希望をもって頑張るしかなかったのです。いつか母がお前も家族の一員だと言ってくれる日を夢見てね。

結局、大人になっても等身大の自分を見る勇気がもてず、そのため最後の最後まで、母を使ってご神仏さまが等身大の自分を教えてくれる出来事が生じ続けたということです。

またあるとき、未亡人の母は村の5人の男にレイプされましてね。そして私は母を助ける勇気もなく、なす術もなく、怖くてただじっとうずくまっていました。翌朝、母にね、勇気のない自分、助けられなかった自分、弱くて駄目な自分を許してほしくて謝ろうと思って、「母ちゃん」って声をかけました。だけど母ちゃんは、私をさえぎって「寅子、何もなかった。何もなかった。わかったな」と言ってそれ以上何も言わせてくれないまま、畑に行ってしまったのです。だから私は、勇気のない自分、助けられなかった自分を許すことができず、長い間自分を責め続けていました。

本当に謝りたかった。心から謝りたかった。一言でいいから。このときに謝ることができて、母が一緒に泣いてくれたなら、「お前も怖かっただろう」と言ってくれたなら、私の心はどれだけ救われたことかと思うんです……。

だから、勇気のない自分、助けられなかった自分、そんな自分を許すことができず、ずっと罪悪感を抱えて生きていました。ここでも等身大の自分を見ることができなくなってしまいました。等身大の自分とは、勇気のない自分、弱い自分、助けられない自分、駄目な自分です。

このインナーチャイルド（以後インチャ）があるので、人を助けられないと、激しく自分を責めました。私がホメオパスをやって改善して行ってた患者さんに、あるとき首を吊られて死なれたのですよ。その後、６か月ほどホメオパスとして患者をみることができませんでした。この患者を救えなかったことを母を救えなかった出来事に投影していたのだと思います。

またある日、母は私の目の前で押し入り強盗に刺されました。そこでも母を助けられませんでした。怖かったから……。私も刺されかかって、しかしなぜかこの押し入り強盗は私を刺さなかったのですね。ここでも母を助けられない自分を責めました。

この優しさがない、それどころか暴力を振るって危害を加えたり、お金を騙しとったりする大人ばかり見てきてね、この世は地獄かなと思いましてね。

しかし、そんな等身大の世の中を見ることが辛くてね、「世の中にはいい人の方が多い」と信じたいインチャが満載で、そんな私を騙すのはさぞかし簡単なことだったでしょう。まあいっぱい騙されましたね。お金はいっぱいとられ、名誉も奪われました。自分が作った作品を他の人があたかも自分が作ったようにとられて、その人が賞をもらったということもありました。もう辛かったな。でもそれに対してなぜか文句も言えなかった。

こんなことがあるたび、「この世にいい人なんかいない」とがっかりするんですね。「この世は生き馬の目を抜くような、なんと世知辛い世の中なんだろう。やっぱりここは地獄だ」と思って、この世といろんな人を否定し、嫌うようになっていましたかね。

私は死にたかったのですね。だから若いころ、ある日、死にたかったその日に友達はピンクのワンピースを着て「今日は彼氏とデートよ」と言って、うきうきしながらアパートを出て行ったのです。彼女は光り輝いていました。そして美しかった。

私はカーテンも開けずに暗い部屋で「人生って何だ？」と悩んでいましたね。生きるのが苦しかったからですね。実際、「寅子は暗い。寅子は重いんだよ」と言われ、男性にもてませんでしたね。

ピンクのワンピースを着て彼氏とデートに行った友だちは、お金持ちのお嬢さんでした。生き生きと生きていたし美しかったし、羨ましかったな。「なんで自分ばかり辛

い目にあうんだ。友達はこんなに楽しそうなのに」と嫉妬もしていました。

その後、その友達は結婚し、すぐに2人の子宝にも恵まれ、一方、私はまだ死にものぐるいに働いていました。友達の家に遊びに行くと、旦那さんが働いて稼いでくるので、彼女は家をきれいにしていればいいのです。そして、子どもたちを育てていればいいのです。すごく幸せそうでした。私も結婚して子育てを楽しみたかった。でも誰一人「寅子さん結婚してください」とプロポーズする男性はいませんでした。

そんな心の空虚さを紛らわすために働いていました。そこで「仕事はきっりちこなすけどあなた方には心を開かないぞ」という私の態度が気に食わなかったのか、上司に干されてしまいました。

相変わらず死にたかったのですが、でも死ぬぐらいなら日本を捨てて海外に行こうと思って英国に行ったのです。しかしそこもね、我関せずの無関心の英国人は、私の存在など気にも留めることもありませんでした。騙されるより、粗末に扱われるより、無関心のほうが辛かったかな。あたかもいないかのように私を見ないのです。なんか驚きました。人種差別もある、暗くて寒い、より輪をかけて大変なところに行ってしまったのです。そのイギリスで働きに働いて潰瘍性大腸炎になったのです。

でもそのお陰でホメオパシーという自然療法に出会うことができました。「あれ、私の人生って何だったんだろう？」とベッドで寝ながらいろんなことを考えていたときに、トラック5杯分の未解決の寅ちゃんが泣いたり、喚いたり、恐れたり、憎んだり、恨んだり、嫉妬したりしているのがわかりました。

もうそれを知ったときに驚愕しましたね。インチャたちはとてつもなく苦しんでいましたね。精神世界の本を読むしかなかったし、フラワーエッセンスやホメオパシーが心に効くと言われていたのですごい頼っていました。ホメオパシーのレメディーを毎日10粒ぐらいとっていたかな。苦しかったからですね。

でもフラワーエッセンスやホメオパシーで一時期よくなっても私自身がどのように傷つき、どのように大変だったかというのを認識し、そのインチャに声をかけて愛さない限り、根本的な解決にはなりませんでした。また同じような出来事が生じ、「私はここにいるよ」と言わんばかりにインチャが噴き出てくるのです。そして、やっぱり死にたくなるのです。

何よりも人から駄目出しをされたくなかった。否定されたくなかった。もう十分親や社会から徹底的に否定されてきたのでね。いらん子として存在そのものを否定されてきたのでね。これ以上否定しないでというインチャがどっかりといて、少しの注意も否定と捉えて、注意した相手と戦っていたのです。そうすると人間関係がうまくいくわけがありません。さらに孤独になっていきました。

「由井さんは本音を言わないし、気難しいし、ちょっと何か言うとすぐ切れるよね」と言われて……。実際その通りでした。「もうこれ以上傷つけないで！」と叫んでるインチャがわんさかいましたので注意さえ耐えられないのです。

そんな私でも、奇特な人がいて結婚することができました。しかし、インチャ満載の私はその夫とも直にうまくいかなくなり、夫は彼女を作って出ていき、また一人になりました。私は残された子どもを育てながら、そして働きながらホメオパシーの勉強をしました。ここでも子どもを預かってあげようという人は一人もいませんでしたし、イギリスでしたので親戚縁者もいませんでしたからね。イギリスでの生活はとても苦しかったですね。金銭的に苦しいのではなくて、愛情の枯渇というか、いろんなことの苦しさがあったかな。

子どもが熱を出すと会社に行けない、会社に行けないと給料がもらえない、食べていけない。シングルマザーの辛さですね。それでもね、ホメオパシーの勉強はしていました。これがね、私の救いだったかな、心のよりどころだったかなと思います。

ホメオパシーとの出会いは、潰瘍性大腸炎になってもう駄目だと思ったとき、夢で空海さんに「君には同種療法がいいよ」と言われたことがきっかけです。イギリスの同僚にこの夢のことを伝えたら、同種療法というのはホメオパシーことだと教えてくれました。

私が生まれたのは四国でしたからね。家の宗派は空海さんの真言宗だとずっと思っていました。それで帰省したときに、夢の一件があったので兄に聞いたら、「うちは真言宗じゃないよ。禅宗の曹洞宗だよ」と言うのです。「えーっ、そうなの?! 家に飾ってあった空海さんの掛け軸はなんだったんだろう」と思いましてですね。

その後、曹洞宗の開祖・道元さんの教えを簡潔にまとめた修証義という経典に巡り会うことができました。修証義には人間としてこの世をどうとらえ、どう生きていくべきかが書かれていました。苦しかったからね、藁にもすがる思いで読みました。

私はね、生まれたくもないのに親の都合でこの世に生まれこさされて、生まれてきたら、「なんで生まれた!」と怒られ、理不尽だと思ってました。しかし事実は、全く逆だったのですよ。私が勝手にこの貧乏な由井家を選び、家庭を守ってくれるはずの大黒柱である父が、生まれる前に死ぬという大変な人生になることを知りながら、また、母も私を愛さないことを知りながら、あえて過酷な条件の由井家に生まれることを私の魂が選んだということらしいのです。それを知ったときは愕然としましたよ。

婆ちゃんと母が、赤ちゃんの私が母乳を飲まないように、おっぱいに唐辛子を塗り付けたそうです。それでもおっぱいにしがみつき、もう口とのどが痛くて泣き叫びながら飲んでいたそうです。しがみつかないとそのときしか栄養をもらえる機会がありませんからね。そうやってしがみついていると婆ちゃんと母が、寅子は何と強情な子だと怒ったそうです。私はおっぱいを飲まねば死んでしまうからね。畑に行ってしまう母親がいつ帰ってくるかわからないからですね。必死だったのですね、だから離さなかった。

だから今でも唐辛子は苦手なんです。もう唐辛子を食べるとのどや食道の細胞が覚えているんですね。カーッと熱く、痛くなるんでね。だから食べられないの、唐辛子は。

でね、この母を、私が選んだって？　この家を、私が？　じゃあ私の魂は何をしたかったのかなと思ったのです。もしかしたら前世で私が母をいじめていて、そのカルマを支払うために今世で母から苛められたのかもしれない。あるいはこんな子どもにひどい仕打ちをする婆ちゃんや母に、それでもこの二人をね、憎まずに愛していけるような人間になるためにここに来たんかいな。そして否定されても否定されても、そんな最低な自分でも愛していけるように、魂の修行として由井家に生まれてきたんかいな。

修証義には前世、今世、来世の三世に渡って平等だということが書かれていました。今世だけを見て不公平だと言っても仕方がないということでした。今世は過去世の反映だし、来世は今世をどう生きたかで決まってくるし。だからピンクのワンピースの友達は前世で利他の行、徳をいっぱい積んだのでしょう。私は自分のことばかり考えて、それをしなかったのでしょう。それだけではなく前世は遊んで暮らしたのかもしれません。魂の成長がなかったのかもしれません。だから今世、あえて苦しい人生となるように由井家を選び、「魂を成長させます！」と誓ったのかもしれないなと思うようになりました。

苦しいからこそ自分を省みて、苦しいからこそ生き方考え方を変えて行かざるを得なくなりますよね、皆さん。苦しみはありがたいね。苦しみである、病気、怪我、事故、うまくいかないこと、あなたを悩ますこと、などなどが、魂の成長のための神仏からのプレゼントであったということがよくわかりました。私はこの世に修行に来たんだということがよくわかりました。このような理《ことわり》がわかると、苦しみを肯定的に受け取っていくことができるようになります。神仏への信頼が増すからですね。

苦しみに遭遇するたびに、自分の偉そうさ、自分の傲慢さ、自分のうぬぼれ、自分勝手さ、自分さえよければいいという自己中心的さ、人への思いやりのなさ、人を傷つけてきたカルマの深さを突き付けられ、その都度、少しずつ謙虚になっていきました。

修証義にはまたカルマをなくす懺悔の方法も書かれていました。自分の未熟さというのを素直に認めて反省し、謝り許しを乞いましょうと書かれています。

このような大事なことが小学校、中学校で教えられないことがとても残念です。このようなことはお坊さんだけが知っていればいいというものではなく、誰もが知るべきことだと思います。この世で生きるために大切なことが修証義のなかに書かれていますから、やっぱり魂の教育として小学校、中学校、また近所の人、近所のお坊さんなどが子どもたちに教えてあげることが大事だなと思います。

潰瘍性大腸炎になったおかげで、それから30年近くインチャ癒しもでき、今日ここに立って、このような講演をすることもできました。ありがたいことです。

■私に足りなかったもの

私は自分に足りなかったものは何だろうかと考えたのです。自分の体を労わってあげることが足りなかった。自分の本当の心を表現させてあげることが足りなかった。等身大の自分を認める謙虚さ、負ける勇気が足りなかった。等身大の自分、今の自分を肯定してあげることが足りなかった。

今の自分を肯定してあげることは、自分の命を尊び、大事にすることと同じだったのに、それができず、自分を粗末にしてきたのです。駄目な自分でも、人より劣る自分でも、このインチャがいっぱいある自分でも、どんなに惨めな自分でも、どんなに弱い自分でも、どんなに偉そうな自分でも、それが今の自分なのだから、そこを認めてあげなかったら、一体どうやって今の自分を変えていけるでしょうか？

プライドをもって偉そうにしなければ生きていけない自分、惨めで自分を責めずにはいられない自分、駄目な自分を認めるのが恐くて自分を否定する者を攻撃してしまう自分、それらどんなにインチャまみれの自分でも、それは紛れもない私の命の一部だということ。駄目な自分を否定している限り、何も変わっていきません。駄目な自分から逃げ、駄目な自分に向き合うことなく、本当に駄目な自分を乗り越えていくことはできません。駄目な自分を否定している限り、駄目な自分を責めている限り、駄目でない自分になろうとする全ての努力は、駄目な自分から逃げているだけ、自分以外の何者かになろうとしているだけで、駄目な自分を本当に乗り越えて行くことはできないのです。

たとえものすごい頑張りで駄目でない自分になれたとしても、その背後には駄目な自分がいて、常に脅迫されているような状態ですから、安心することができません。

人より劣る自分、できない自分、駄目な自分、それが等身大の自分であり、ありのままの自分、本当の自分なのです。そこを認めていくしかないのです。

そこを認めてはじめて、駄目でない自分になるための正しい努力をしていくことが可能になるのです。そのとき駄目と思っていた自分は、なにも駄目ではなく、単に途上にいるということであって、今の自分より、よくなっていけばいいだけなのです。それが正しい努力というものです。自分を否定しない。肯定してあげるということ。私に足りなかったもの、それは一言でいうと、今のそのままの自分を肯定してあげることでした。

私は自分を否定していたから病気になってしまいました。体が、文字通り体を張って教えてくれていたのです。無理して頑張るのは、今の自分を否定しているからこそできることです。無理して頑張ることは自分を苛めることでしょ。自分で自分を否定しているから駄目な自分を苛めて、無理させるのです。

だからご神仏さまが病気をくれて、生き方、考え方が間違っているよって教えてくれたのです。「自分を許しなさいよ」、「自分を労わりなさいよ」、「等身大のその駄目な自分を認めなさいよ」ということなのですよ。

私が勝手に選んでこの親の元に生まれてきたということ。この親が私が死んでくれたらなぁーと思って3回ほど布団を掛けたり、首を絞めたり、水に突っ込んだりして殺そうとしたということ。しかし、最後の最後は殺せなかったのですね。だから今こうして生きているわけですけれど……。

確かに状況を考えると、母が「寅子が死んでくれたら……」と思ってもしかたがありません。それなのに私を殺すことなく、毎日ご飯を作ってくださり、育ててくれたわけです。うちは麦飯でしたけれども、おかげさまで大麦にはβ《ベータ》グルカゴンもいっぱいあって貧しいながらも生き抜くことができました。貧乏であるが故に、粗末な穀類を食べるしかなく、しかしそれが栄養があってよかったのですね。

またおかわりができない状況のため、私は腹7分目、ときには6分目しか食べられず、ガリガリに痩せていましたけれど、それも逆に体にはよかったのですね。いらん子でおかわりができなかったことも、今となっては丈夫な体、強い心を養うのによかったんだなと思いました。

それで、今日、私は生きており、修行もでき、インチャ癒しもでき、自分を見つめることもできるのです。何とありがたい母だったのだろう。そしてご神仏さまからの「そんじょそこらでは、寅子を愛してはいけない」という使命をしっかり守ってですね、優しい言葉もかけなかった。偉いなと思います。素晴らしい母でした。

■体の栄養

自分を育て、人を育て、子どもを育てるには、体の栄養、心の栄養、魂の栄養が要ります。それも十分に満たしてあげないと、その子の体、心、魂に不足感が植え付けられ、貧しくなってしまいます。そしていつも欲しがるようになります。

体の栄養は、食べ物で、物質的な栄養が必要です。栄養が不足すると体が貧しくなってしまいます。体が満たされません。だから体が食べたくなるのです。

体は何が食べたいのか？　もちろん栄養があるものを食べたいのです。ミネラル、ビタミンが豊富なものを食べたいのです。ファイトケミカル（植物性機能成分）がいっぱいのものを食べたいのです。自然なものを食べたいのです。エネルギーがあるものを食べたいのです。霊性が高いものを食べたいのです。愛情が詰まっているものを食べたいのです。それらすべてが美味しいものであり、だから自然農の作物は美味しいんです。そして真心を込めて作られた料理には、愛の栄養があるから美味しいんですね。

逆に体が食べたくないものは、自然じゃないもの、栄養がないもの、安全じゃないもの、エネルギーがないもの、霊性が低いもの、愛がすかすかのもの。これらは全部おいしくないものです。ジャンクフード、遺伝子組み換え作物、ゲノム編集作物、高度に品種改良した作物、農薬がいっぱいかかっている作物、グリホサートがかかっている作物や食品、添加物まみれの食品、植物プリオンが入っている作物や食品、化学肥料で育った作物。

このような栄養がないもの、カロリーだけがあっても大切なミネラル・ビタミンが欠乏しているもの、霊性的なエネルギーが少ないもの、こういう食品を食べても体が満足できないのです。満たされないからどうしても過剰に食べてしまいます。

体は美味しいものを食べたい。美味しいものは、素材の美味しさと料理による美味しさがあります。素材の美味しさは、先ほど言ったように、栄養があってエネルギーがたっぷりで自然なものです。料理による美味しさは、味付けだけでなく、食べる人のお腹を満たしてあげたい、美味しいものを食べさせてあげたい、幸せになってほしいという、愛情がベースにあって本当に美味しくなるのです。

また、霊性の高い人が作る料理は、やはり霊性が高くなり、霊性の高い料理を食べることによって体が満足し、心も魂も満たされます。料理にはそういう奥深い側面があるのです。

私は豊受自然農をやってもう早11年になりましたけれど、安心、安全で生命力に溢れた気の高い作物、栄養価の高い作物、体を健康にするような作物、食べた人が幸せになって「わー美味しいな。幸せだな」と思えるような作物、そういう豊かな作物を提供したくて農業を始めました。

必要なときに必要な栄養が体に入らないと、子どもの体は健全に育ちません。食べるものがないというのは肉体をもつ人間にとって苦しいことで、一番の不幸です。しかし、食べ物があっても毒の入った食べ物は食べられません。わざわざ食べ物に化学調味料を入れたり、不自然な添加物を入れたり、赤色何号だとか入れてしまっています。これはどういうことなんだろうかと思います。

わざわざ遺伝子組み換えしてグリホサート耐性の作物を作ったり、わざわざゲノム編集して、ギャバを大量に含むトマトを作るとはどういうことなのか。やっぱり一度原点に戻る必要があると思います。体に悪いものでない、安心・安全なものを食べてほしい。ただただそれを願うばかりです。

■豊受作物の霊的効能

食べ物は体の栄養であることは当然のことですが、想像以上に心や魂の栄養になっていることがわかってきました。

各種作物の霊的効果・効能の一部をご紹介します。

●豊受黒米

大勢の人がいるなかで自分だけが無視されたり、相手にされなかったり、仲間外れにされたりして、孤立し、独りぼっちにさせられることに対する恐れと悲しみが軽減する。

●豊受小麦

本来あるべきその人にとって適性な霊格に高める働きがあり、霊性を高めるのを邪魔している意識を自覚させ、その意識を生み出している自分のなかの問題点を知らないうちに緩め、霊性を高める働きがある。自分が知り得ない、前世や先祖の意識などの問題点を知らないうちに緩めてくれる。

●豊受ツルムラサキ

損をしたくない、得をしたい、という意識が薄まっていく。

●豊受ナス

他者よりも勝っていたい、優れていたい、勝ちたいという意識が薄まる。

●豊受オクラ

悪いことをしたり、他人に迷惑をかけても自分の望みを叶えたい、などのずる賢い、悪い考えが自分のなかにあるなと気づかせて、粘り強く考えを改めるように働きかける。

●豊受タマネギ

相手が悪いと相手のことを許せない、受け入れられないという、了見の狭い意識が改善されて、人を許せるような広い心に変わっていく。信仰心を高める働きがある。

●豊受生揚醬油
　心が広くなるとか受け入れやすくなる。心に余裕が生まれるようなある種の充足感、満たされた感じがもて、余裕ができる。幸せの豊受醬油。
●豊受再仕込み醬油
　生揚醬油の効果がさらに強まることによって、さらに心に余裕ができて恐れにくくなる。
●豊受梅干し
　御古菌さんのようなところがあって、本来の自分に戻す働きがある。傷ついたり落ち込んだり自信をなくして、小さくなっている心や魂を元の状態にリセットし、元の自分に戻して自信を取り戻す働きがある。

●豊受豆腐

いじめとか、嫌がらせとか、人から嫌なことをされて相手を許さないなどのストレスを日々もっているが、許せないという気持ちが豆腐を食べることによって許せるようになる。

●豊受厚揚げ

油に入れて火を通すことと関係しているのかもしれないが、相手に対して求めなくなることで許せるようになる。

植物や海藻には仏さまの心や魂が宿っているんですね。作物を食べることは仏さまの真心・志をとり入れるということです。だから、正しい作物を食べることで清く正しく朗らかに生きていくことができるのです。心と魂が満たされ、体が満足するからです。つまり、正しい作物を食べることで霊性向上のサポートとなるのです。食べるということは、霊性という点からみても本当に重要なのです。

たとえば、豊受の味噌ですけれどね。「人から見捨てられたくない」「冷たくされたくない」「無視されたくない」「お願いだから自分から離れていかないでほしい」という見捨てられたインチャが癒されます。

お母さんの作ってくれた温かいみそ汁を飲むことで、誰もが愛されているなと思うじゃないですか。大事にされているなと思うじゃないですか。優しくされているなと思うじゃないですか。私も毎日みそ汁を飲まないといられないのは、見捨てられたインチャが多いからだと思います。

みそ汁を飲むときに、見捨てられたインチャの気持ちが緩んで大事にされているイメージをすると、だんだん心が幸せになっていきますよ。お試しあれ。

■品種改良と霊性

あまり植物をいじくり回さない方が、植物本来のもっている力が大きいと考えています。たとえば、ファイトケミカルが豊富だとかですね。

穀物や野菜は、あまり品種改良されていない、原種に近いものを食べることをおすすめします。品種改良というのは、どうしても植物の生命に人間の欲が入り込んでしまうのです。もっと収穫高多くとか、もっともっちりとかね。

もっともっちりと言って欲張ってしまったから、小麦にω《オメガ》グリアジンを含むようになってしまった。ωグリアジンを含む小麦は、もっちりし過ぎて腸にへばりついて、アレルギーやセリアック病の原因となってしまっています。ちなみに豊受で作っている豊受小麦は、ωグリアジンを含まない品種です。

このような人間の欲にまみれたような品種は、ある意味不自然なんですね。

ただし、品種改良する人が高潔な志をもって品種改良した場合は違いますよ。たとえば、「多くの人にこの穀物が行き渡りますように」と純粋に願って多収量の米の品種が作られた場合は、違ってきますよ。作物の生命を貶めない品種、それでいて人間の役に立つ品種をつくることは可能なはずなのです。

欲というものはインチャです。インチャから品種改良した場合、どうしても作物の生命に人間の欲が入りこみ、作物の生命を不自然にさせてしまうのです。そうすると人間の高い精神性を維持するための作物の力を弱めてしまうのです。

たとえば、「特許とって儲けてやるぞ！」と思って品種改良したら、やっぱり霊性が低い作物になってしまうのですね。遺伝子組み換え、ゲノム編集というのは、論外です。それは植物生命に対する冒涜です。

遺伝子というのは、生命そのものです。膨大な環境との相互作用の果てに、この地球という大きな命の循環の中の一つの歯車となった姿、一つの役割を担った姿が一つ一つの植物であり、動物であり、昆虫であり、微生物なのです。そしてその生命の物質的現れが遺伝子ＤＮＡであると考えています。

その生命そのものである遺伝子を、人間が勝手に切ったり貼ったりすることは、命の尊厳を無視した自然に対する冒涜であり、その一つの役割を担った生命に対する冒涜なのです。遺伝子組み換え、ゲノム編集はそれ自体が不自然な行為であり、そこから生じる生命も不自然にならざるを得ません。

当然、人間の高い精神性を維持するための作物の力も弱めてしまいます。それどころか、人間の精神性を低下させる作物となってしまいます。人間の欲がどっぷり入った植物や加工品、食品を食べることは、体的にも心的にも魂的にも、よろしくないことになります。

人間の精神性が低下している背景には、このような食の問題が大きいと感じています。犯罪やいじめなども食の問題とものすごく関係があると思います。根本は食の劣化なんですね。そして食の劣化は農業の劣化によるものなんです。

■霊性の高い作物を作る

霊性の高い穀物、野菜を作るためには、以下の3つの条件が必要になります。

①霊性の高い種をまく。

遺伝子組み換え、ゲノム編集の種でないこと、あまり品種改良のされていない種であることは必須です。そして、霊性の高い種を作るには、以下の②、③があってはじめてできることです。

②霊性の高い土地で育てる。

霊性を下げる農薬・化学肥料・除草剤（グリホサート）を使わないこと、遺伝子組み換えの有機肥料を使わないこと、遺伝子組み換え飼料を食べた家畜の糞を使わないこと。

③霊性の高い人が作る。

正しい信仰心をもち、感謝、謙虚、利他の精神で作物を作れる人（霊性の高い人）が作ること。

食べ物というのは皆さんが考えている以上に、私たちの精神、意識、霊性に関係しているということをわかってほしいのです。それはとりもなおさず、何を食べるかが、私たちの幸せと密接に関係しているということです。もっともっと食べるものに関心をもってほしいと思っています。

食べ物は、体だけでなく、心と魂も養っている部分があるということ、私たちが食べる命が私たちの命や心を作っているんだということをわかってほしいのです。

また、植物には仏さまが宿っていますから、野菜や穀類、果物を食べることは、仏さまを食べていると思って食べてほしいのです。

日本は和食を通して日本人の高い霊性と日本人の高潔な心を養ってきたと思うのです。

■サンキューブとクンダリーニエネルギー

宣伝になりますけれど、サンキューブというのがありましてですね。私たちはいろんな栄養素が足りないので、キューブにして健康エナジーバーみたいなものを作ったらいいかなと思って作ったものです。一つ食べれば1日もちますので、災害時にもいいし、山登りにもいいと思って作りました。

で、作りましたら、これが豊受御古菌（500種類以上の土壌菌を培養した液）に次ぐ、霊性的な働きを修正してくれる働きがありましてですね。具体的に言うと、クンダリーニエネルギーの下降を助けてくれる働きがあるのです。

クンダリーニエネルギーというのは、神さまの意志のエネルギーで、尾骶骨に眠るエネルギーです。その尾骶骨に眠るエネルギーが目覚めると頭頂に向かって上昇すると言われていますが、皆さん多かれ少なかれクンダリーニエネルギーは流れています。それで、たとえばある人は、悲しみで胸が詰まるとクンダリーニエネルギーが上がりっぱなしになり、降りてこなくなります。そうすると頭が詰まったり、鼻も詰まることがあります。この症状は経験した者しかわからないでしょうけど、けっこう辛いものです。

クンダリーニエネルギーが上がって降りない場合、霊格を高めない限り降りてこないのです。しかし、このサンキューブを食べることでクンダリーニエネルギーの下降を助けるというのだから、これはすごいことです。下りてこないクンダリーニエネルギーを下降させるのは本当に大変なことなのです。

クンダリーニ症候群は以下の二種類があります。

①クンダリーニが頭頂まで上がっていかないことによって生じるもの。

クンダリーニが目覚めて脊柱にあるシュスムナー管を上昇しますが、インチャのブ

ロックがあるとそれ以上上昇できず、クンダリーニエネルギーがチャクラに流れ込みますが、オーバーフローしチャクラが機能しなくなり、さまざまな心身の症状が出てきます。痛みだったり、動悸だったり、幻聴・幻覚だったり人によってさまざまです。

②クンダリーニが降りないことによって生じるもの。

クンダリーニエネルギーは上がったなら、上がったぶんだけ降りなければなりません。循環しなければならないということです。

高い霊性を求められている人にクンダリーニエネルギーが上がって降りてこない人が多いですね。気が頭に上がって辛いという人には、サンキューブをおすすめします。精神的な病気を患っている人、統合失調症の人もいいと思います。霊性的な効果が高い食べ物になっています。

■ホメガオイルの霊的効果

ホメガオイルの霊的効果も素晴らしいものがあります。生でとると、クンダリーニエネルギーの流れをよくする働きがあります。

クンダリーニエネルギーが不足すると、クンダリーニエネルギー不足から来る体調不良になり、同時に、クンダリーニエネルギーが不足すると霊性が下がって、霊性低下から来る体調不良になります。ホメガオイルをとることで、クンダリーニエネルギーの流れがよくなるので、上記のような2つの体調不良に有効です。

ホメガオイルはもともと、ω《オメガ》3を高配分に、現代食で取り入れやすいω6は低配分とし、現代人に不足しがちな必須脂肪酸をバランスよく摂取することをコンセプトに開発されたオイルです。ですから、脳内の神経伝達の改善に有効で、頭がすっきりして回転が速くなります。

低温圧搾の亜麻の油がとくにいいですね。亜麻はきれいなブルーの花をしています。

はい、ではちょっとね、CMを見ましょう。どうぞ。

〈CM〉

■心の栄養

必要なときに心の栄養が心に入らないと、子どもは心が健全に育ちません。私がそうでした。うちは百姓でしたから、最低限は食べさせてもらえたので、体はなんとか育ちましたよ。でもね、心の栄養は全然足りなかったと思います。

健全な心とは、真（まこと）の心、真心（まごころ）のことです。

ちなみに健全でない心、普通に私たちが考える心は、感情のことです。

真心は、感情ではありません。真心とは、感謝であり、ありがたいと思う心、幸せだなと思う心のことです。

この真心を育てるのが、愛情であり、思いやりであり、やさしさであり、許しであり、共感です。それは親からもたらされるものです。親からもたらされるものなんだけれど、子どもに与えられるほどの心の栄養がないんだよ、親にも……。親にも愛情が足りない。

そうして、親から与えられるはずの心の栄養が不足すると、愛の飢餓状態となり、心が貧しくなってしまいます。「私を愛して」と言って泣き、「私は愛されないんじゃないか」と恐れ、「なぜ私を愛さない」と言って怒ります。

その感情も、「もうお兄ちゃんだから泣かないで！」とか、「もうお姉ちゃんなんだから我慢して！」とか言われて、とうとう泣くことも怒ることもできず、我慢していくことで、「あれ？　何を求めていたんだっけ？」とわからなくなってしまいます。愛を求めていたのにね。だってそれを抑圧してしまったからです。

そうすると、ちょっとしたことで悲しくなり、ちょっとしたことで恐れが出て、ちょっとしたことで怒りが出てきてしまいます。でもこの感情がどこから出てくるのかわかりません。もう少し大きくなって反抗期になると、よくわからないけれど、ちょっとしたことでお母さんに怒りをぶつけ、その後で自己嫌悪になって自分を責める。そんな子どもが多いのではないでしょうか？

あるいは、満たされない思いを満たそうとして、チョコレートを食べて甘さで満たそうとしたり、買い物をして物で満たそうとしたりします。

お金がある家は、その子の不満を抑えようと物を与えて満たそうとします。欲しいものを何でも買い与えようとします。私もそんな馬鹿親の一人でした。娘をおとなしくするために、娘の欲しがるものを買い与えて大人しくさせていました。私もいつまでも子どもにわーわー言われると仕事ができなくなるので、安易な方法でおとなしくさせてしまいました。

今ではこの方法は最悪だとわかります。それは子どもの正当な怒りを出す機会を奪ってしまうからです。そして満たされない思いを自分でなんとかする力も育てないし、忍耐力のないわがままな大人になってしまうからです。そして表面的な一時しのぎの満足をもらうので、真剣に苦しみに向き合うこともできず、よき人、よき教えと出会う機会もなくなるからです。

一番いいのは、やっぱり親が真剣に子どもに寄り添い、真剣に愛してあげることでしょうけど、私はそれができなかったんだな。かといって子どものわがままと真正面からぶつかる暇もなく、わがままをそのまま聞いてしまったんですね。

しかし、物をいくら与えても、一時的な満足しかもたらさず、物では心は満たされません。子どもがお腹を空かせているんだったらいいんですよ。「おにぎりだよ」、「みそ汁だよ」と食事を与えればいい。でもそうじゃないのです。心が満たされないのだから。本当に求めているものは、親からの真の愛だからです。

私はその後10年経ってから、そのもとをとらされました。本当に大変でした。そして、もう一回この娘を育て直ししました。一緒に洗濯物をたたんだり、一緒に米をといだり、一緒に洗濯物を干したり、掃除をしたり、やりましたね。

親がすぐにものを買い与える子どもは、何でも欲しがるようになります。そしてすぐに買い与えるので、やがて、忍耐のない、すぐに怒りが爆発する辛抱がないわがままな大人になってしまいます。でも、それは本当にかわいそうなことなのです。

そのわがままは、愛を求める叫び声なんですね。

満たされない思いを物で満たし、怒りを表現することもできず、自分で頑張る力も養われず、よき人、よき教えと出会う機会も奪われてしまった姿です。

私は親からの愛情はありませんでしたが、物で満たすにも、家が貧乏で何も買ってもらえない、我慢するしかありませんでした。でもそこで忍耐ができたし、大自然、花、海、山、木々に救われる体験もすることができました。それは物を与えられ、適当に誤魔化されていたら得ることのできないものだったと思います。

そこを子どもに物を与えたり、楽しみを与えてその場をしのいじゃう。たとえば、チョコレートを与えてしのぐ、ゴーカートに乗せてしのぐ、ディズニーランドに行かせてしのぐ、ゲームをやらせてしのぐとか、しのいじゃうわけですよ。だって一瞬一瞬を繋いで行けば楽になるからさ。

ある事件がありました。お金持ちの親が死んでしまったのですね。息子さんだけになりました。一人息子です。息子さんだけと言っても38歳ぐらいだったかな。親が残したお金を全部使い果たしちゃった。で、欲しいものがあってね、近くに叔父さんが住んでいるので買ってくれるように頼んだんです。叔父さんもお金持ちです。でも叔父さんは買ってあげなかったのですね。そして何が起こったか？　この息子さんは、叔父さんを殺して自分の欲しい物を買ったのですよ。

心が貧しくて、貧しくて、物ばかり与えられた子どもの末路だと思いますよ。こういうことになっちゃう。犯罪を起こす人は、苦労して頑張ったことのない人が多いという統計があります。安易に物や楽しみを与えられて満たされた人は辛抱がなく、安易に金儲けしようとし、犯罪に走る傾向があるわけです。

物を盗む人、人を騙す人、それらは全部、心が貧しいのです。飢えているのです。食べるものがない飢えというのは苦しいですよね。食べるものがなく餓死しそうになったら、誰でも盗んでも食べようとしますよね？

同じです。心が飢えて飢えて苦しければ、盗んででも、満たそうとするのですよ。かわいそうではありませんか？

心が貧しくて、愛に飢えていて、でも物で満たすことができなかった人は幸いです。心は貧しいけれど、それを自力で満たそうとするから。たとえば、勉強やスポーツで満たそうとしたりします。あるいは人の役に立つとか。それはある意味健全ですね。

あるいは、自ら救いを求めて、本を読みます。あるいは、友だちや学校の先生に「心が苦しいんです」と助けを求めたりして、なんとか苦しみを乗り越えようとするのです。

勉強やスポーツで頑張るのは、自分が駄目だから頑張るんですよ。でも、頑張るなかで、耐える力も培われます。決してこの世的価値観で頑張った人を私は駄目と言っているわけじゃないです。みんな頑張ってきたんだ、そうやって。辛抱、耐える力、忍耐。それがあるからこそ簡単に人を騙してお金を巻き上げたり、人のものを盗んだりしませんよ。

この自分が駄目だから頑張るというのは、頑張る方向が間違っているのですが、それでも忍耐力を培うには必要なものです。だから、頑張った自分に、偉かったとやっぱり褒めなければいけません。この世的価値観で頑張ってきたけれど、でもそのときにはそれがいいと思ってやってきたんだから偉かったんだよ、君は。この忍耐力がなければ、人は変われません。そういう意味で、一時的にせよ、自力で満たされない心を満たそうともがくこと、頑張ることには意味があるのです。

愛情・思いやり・優しさ・許し・受け入れ、共感、このようなものが心の栄養になると言いました。許しの体験、受け入れられる体験、そういう体験をすることで、自分のなかで、自分や人を愛する力、自分や人を信じる力が育つのです。その種を植え付けてもらったから。その愛が不足するとね、心が育たないんですよ。そうすると愛のない人間になってしまいます。

だから子どもが泣いて「お母さん、ごめん」と言っているときはさ、何があっても許さなきゃならないんだよ。何があっても。

お家の大事な皿が割れましてて。唯一、私が母の形見でもらったお皿をうちの息子に割られましたよ。でね、母との繋がりはこれしかないんだよと思いましたけれど、「怪我はないか？」と口先だけでしたけれどね、言いました。心のなかでは、「いや、どうしよう。これをくっつけるのはどうしたらいいんだろう？」と思いましたけれど、でも先に口先だけでいいからこれを言ってあげないといけないのです。後で心がついてくるから、いい？皆さん、この訓練をしましょう。こういうときに子どもは見ているんですよ、親がどういう行動をとるかを。

親が愛を示してあげないと、子どもが愛のない人間になっちゃうんですよ。他人に思いやりがない人間、優しさがない人間、許しがない人間、他者にとても厳しくて、他者に容赦がない人間になってしまいます。

一方で、自分に厳しい人間、自分に容赦がない人間、自分に思いやりや優しさがない人間になってしまいます。ひと頃の由井寅子です。潰瘍性大腸炎なった頃の私です。「どうせ私は駄目だ」と自己卑下、自己否定の考えになってしまいます。物事がうまくいかないとすぐ落ち込んだりします。

ネット上には、他を見下し、馬鹿にし、罵倒する人が本当に多いですね。このような優しさのなさ、容赦のなさというのは、自己否定、自己卑下の裏返しなのです。

もし自分を客観的に見ることができたなら、そこまで自分を高みに上げるようなことはないでしょう。自分を客観的にみるためには、謙虚さ、自分に対するいい意味での疑いが必要です。客観的に自分を見ることができないから、インチャと今の自分と分離することができず、とらわれてインチャに流されて感情が乱れて、相手との関係が悪くなります。

そして、謙虚さがなく、自分を疑うこともなく、相手が悪いと結論づけてしまいます。

それを繰り返しているうちは、同じ所で足踏みをずっとしていることで、先に進めない。先を照らす灯りを自分にもっていないからそんなことになっちゃう。

■魂の栄養

正しい教えとは、何か、今私が言っているようなことです。真実の教えです。それが魂の栄養となります。

必要なときに必要な魂の栄養が魂に入らないと子どもの魂は健全に育ちません。

健全な魂とは、霊的価値観のこと。霊的価値観とは、善悪のない、善だけの価値観。否定のない価値観のことです。

勉強できることが大事なのではないんですよ。

美人なことが大事なのではないんですよ。

いい人であることが大事なのではないんですよ。

人を傷つけず、動物を傷つけず、物を傷つけず、思いやりをもって大事に扱う。人の素晴らしいところを見つけほめる、尊敬し、見倣う。清く正しく朗らかに生きる原動力が霊的価値観です。

霊的価値観を育てるのが、よき人、よき本、よき教え、大自然です。よき人、よき本、よき教え、大自然は、真理であり、正しく生きる道となります。正しく生きる方向を指し示してくれるものや人が必要なのです。

ですから迷ったとき、神社やお寺、山に行くのもいいでしょう。見識ある人、自分より優れた人のところに行って「苦しいんです！」とSOSを出したらいいでしょう。

だから、親が子どもに愛と心をこめて、自分の経験を通してできるだけ真理だと思うことを教えてあげることが大切なんだね。それができる親になるために、何が真実かを常に知ろうと努力し、インチャを出さず、客観的に物事、出来事を見る訓練がいります。そこには事なかれ主義も、いい子インチャも、嫌われたくないインチャも出て来ないはずです。それができてはじめて、子どもは親を心から尊敬するようになり、親を真似ようと努力するるのだと思います。

親は自分の体験で失敗したこと、そして失敗して自分がより謙虚になっていったこと、思い通りにならなくてもそれでも幸せになったこと。このような体験を積み重ねて、子どもに真剣に話してあげることが大切です。それが子どもにとっての生きる指針となるでしょう。

私はね、失敗したこともよく子どもに話します。「駄目だった、お母さん」と泣いたりもします。思い通りにならなかったことを子どもに直接言います。そうすると子どもがね、もう目を皿のようにして聞くんですよ。「あの偉そうなお母さんが泣くのか」「あの偉そうなお母さんが失敗するのか」「あの偉そうだったお母さんがこんなにボロボロになっているのか」と。これを知ることはとても大事なことです、子どもにとってね。

「でも思い通りにならなかったけれどね、幸せだよ。これでよかったと思っている」と言うんだよ。

「お母さん、朝日新聞にあんなに叩きのめされて、死にたくなったんじゃないの？」と子どもに聞かれたときに、「まあね、向こうにもこうしたいという設計図があるからね。その設計図は全うしたいでしょうから、それは全うさせてあげないと欲求不満になっちゃうからね。だからそれに対してお母さんがしなければいけないことは恐れないことだよ。ホメオパシーが亡きものにされてしまうと恐れてしまったら、お母さんの負けだなと思う。だから恐れないで、やるだけやってくれと開き直っていた。一方で、恐れずに自分ができることをやるだけやったんだ」。そう答えました。このような体験を話してあげると、子どもの魂の栄養になるかなと思います。

さてここで、10分間休憩を入れて、キュウリやトマトを食べるようですよ、皆さん。そういうのが出るようですから、休憩、10分間入れましょう。

（休憩）

キュウリはパッパッでおいしかった。トマトはコンポートみたいにしてくれて美味しかった。上品に皮まで向いてくれて……。私たち野生人だから、皮をそのまま食べるのに。

今日も暑いな、本当に。6日だったっけ？　広島に原爆が落ちてね、15日には長崎に落ちましたけれど、本当に原爆を落とす必要があったのかとかね、そういうことも15日にはお話したいと思います。

日本人がどれだけの犠牲を払ったら世界は気が済むのかなと思ってですね。多くの命を無駄にしないためにも、私たちはしっかり真の歴史を知って清く生きていきましょう。国が対策を練らないなら、私たち自身が対策を練って生きなければいけません。国民一人一人が、対策を練って生きる、これが大事ですね。国が私たちを守ってくれないなら、私たち自身が、自分で自分を守ることをしなければいけませんよね。賢く生きていきましょうね、皆さん。

では後半に行きたいと思います。後半は自灯明という自分を照らす光、そのお話が入ったケースになります。

■ケース　14歳・女性

この子は14歳の子どもですけれど、母親が書いてきた主訴は、ものもらいだとか脊柱側弯症だとか身長が伸びずに背が低い、このようなことだけでした。しかし、この子の問題は、それだけでなくもろもろの体調不調にあります。

この子は前世で修行して霊格がものすごく高かったんですね。40歳ぐらいで出家して僧侶を目指して頑張っていたようです。あらゆる困難に遭遇しても、高い志をもって乗り越えたようで、ものすごい高い霊格となり、その高い霊格で亡くなりました。

普通は、それだけ高い霊格になりますと人として再び肉体をもって生まれなくてもいいのですが、人を救いたいと思ったのでしょうか、また肉体をもって生まれようとしたようです。ただし、そうなりますと、今世はさらに前世以上の高い霊格が求められますから、大変な苦しみの人生となってしまいます。

霊性を高めるというのは、結局、許せる範囲をどれだけ広げられるかということなんですね。だから、普通の人なら許せないような出来事に遭遇して、それを許して行くという修行が課せられるわけです。だから苦しい人生になるのですね。

そして、いくら前世で霊格が高くても、新たに生まれるときは、どうしても親の価値観や先祖の価値観を刷り込まれてしまいますので、霊格が低くなってしまいます。だけど、思春期を過ぎるとだんだん高い霊格を求められるようになりますから、それに見合うだけの霊格を高めていかないと体がどんどん調子が悪くなるわけです。ですからこの子は、霊性を高める修行しなければならないということです。

このような背景があって、いろいろと大変な思いをしていましたけれど。どう大変だったのか、それを見てみましょう。DVDをどうぞ。

〈DVDケース〉

【母親】ものもらいが合計10個になっちゃって2年ぐらい全然治らなくて……。

【由井】ホメオパシーをやってからものもらいが増えたということだよね。

【母親】そうなんです。

【由井】この子は目からいろんな要らないものを排出する傾向があるんだろうな。友達ともめごとがあったみたいだけど、なにがあったの?

【母親】意地悪な子がいて、最終的に嫌われていっちゃったんだよね。

【由井】今、いじめられているんだ。

【母親】10人ぐらいのグループでね。今まで一緒にランチもしてたのに、チーズフォンデュやらないという楽しい計画の話を、この子が入っているラインのグループで誘われなかったんだよね。

【患者】もともとは皆と話していたんだけれど、私を入れずに話していたから。

【母親】グループラインで、私は○○もっていく、私は○○担当などの話で盛り上がっている。でもこの子はそこに入れない。同じグループのラインでやっているから全部この子にも見えていて、見えていることもわかっているのに、入れてもらえないという感じ。

【由井】自分はなんで入れてもらえなかったと思う？

【患者】仲良くしだしたから？

【母親】違うクラスにちょっと悪い子がいて、でもその子は幼なじみで、その子と仲良くしたら、そんな感じになっちゃったみたいで……。

【由井】今学校に行くのはどうかね？　あまり行きたくない？

【患者】行きたくない。

【由井】クラスのなかに友達はいるかね？

【患者】友だちは違うクラスだから。

【由井】そうすると、クラスのなかにはいないということになるね。登校拒否したことはあるかね？

【母親】1回あります。前から「休みたい」とSOSは出していて、気づいてはいたのですけれど、ここで逃げてもなにも解決しないと思って学校に行かせていたんですよ。「行きなさい」、「行きなさい」と。であるとき、その日はチーズフォンデュの日だったのですけれど。クラスの子たちで盛り上がっちゃって、この子以外で。とくに行きたくない日だったのですね。

【由井】そうだよね。

【母親】その日は時間を潰して学校に昼過ぎに登校して、学校をサボったということで親が呼び出されたんです。それまでは辛抱して行っていたものね。

【由井】○○さんの心はよくわかるよ。みんなでパーティをやっているのに、自分は呼ばれてないのに学校に行ってもちっともおもしろくないからね、その通りだよ。私も行かなかったと思うわ。だって耐えられないもの。みんな楽しそうにしていて、自分だけがその輪のなかに入れないでしょ。私もサボったと思うわ。だから君のとった判断は悪くなかったと思うよ。そのことを先生に言った？　こういう理由で学校に行けなかったんですと言った？

【患者】うん。

【由井】先生は何て言った？

【母親】でも悪いことは悪いことだからと。

【由井】そこは先生としては学校でとり上げなければいけないことなんだよ。「こういうことをされたら君は学校に来れるか？」と他の子に聞かなければいけない。明らかに自分が除外されているわけじゃない。みんなパーティやっているのに。そういうことをもし他の人が自分だったらどう思うのかということを先生は聞くべきだよね。人の心の痛みというのはみんなでシェアできるじゃないか。それを先生はやらないで、悪いことはしてはならない。先生もこんなんだったら、そんな学校はやめて違う学校に行った方がいいと思う。そう思わないか、君の心の成長のためにならないからだよ。学校がそれをやってくれなければいけないと私は思うんだ。そういう文書を書いてみないか。

私はあなたの本当の心情を伝えた方がいいと思うよ。先生なら行けますかと聞いてごらん。書こうよ。私が苦しんだということを。だって君、苦しんでいるんじゃないか。私、わかるよ。ずいぶん苦労したじゃないか、君、本当に。

クラスメイトの名前を言いながら枕をボコボコ殴ることできる？　イメージだよ。謝れって、クラスメイトのみんなが土下座して謝るね、イメージだからさ、やらせるんだよ。全部。そうしたらすっきりするんだ。

君は泣くことはできるかい？　弱音を見られたくないといってすごく我慢してきたんじゃないかなと思うけれど、どう？

【患者】……。

【由井】そうするとそのクラスメイトがね、君をいじめるのが止まないんだよ。それをやっているんだと。そのなかでもしゃべれる子がいたら、実は辛いんだよってボロボロ泣けたらその子の心が○○も入れてあげようよとなったらいいと思うんだよ。

みんなからボイコットされて本当に辛いんだと、弱音をはいてボロボロ泣くことは一つの解決になると思うんだけれど。今のような顔をして泣かないでぐっと堪えていると、もっといじめないとなっちゃうよ。泣いて弱音をはくと、とうとう○○が泣いたと喜ぶ人も出てくるかもしれない。でもいいんだよ、そんなことは。本当に君が辛かったんだから辛いとさめざめと泣くことだよ。

どう？　負けることをすごく嫌がっているけれど、負けることは大事だと思うよ。

私がホメオパスとなって患者さんを治療するようになって、1年目ぐらいのときに改善していた患者さんが自殺してしまって救えなかった。やっぱり魂の救済が必要だと思ったね。

その人は、自灯明というね、自分を照らす光が足りなかった。自分が苦しいんだとSOSを出すということも自灯明、自分を照らす光なんだよ。自分が自分を助けることなんだ。それがこの人には足りなかったんだということがよくわったんだよね。

先生に、先生ならどうですか、この苦しみがわかりませんか？　と聞くことも自灯明、自分に光を照らすということじゃないか。

それなのに、学校に行って、また私に冷たいのねと顔は能面のようにしらっとしている。心はすごく痛んでいるというのに。それは自分に光を与えないということ。自灯明がない。自分はこんなに苦しんだっていう正直な思いがない。辛いんだと弱音をはくこと、泣くこと。これは自分を救う光、自灯明になるんだよ。それをしてほしいんだよ。正直な自分の感情をおっぽり出しているということは、自分を殺していることになるよ。

この世が嫌になっちゃって、チャンスがあれば早くあの世に行きたいって思うときもあるでしょ?

【患者】うん。

【由井】あるよね。そこだよ、それが魂の傷なんだよ。感情が出てくるじゃん。それを感じ切るんだ。勇気をもってやってほしい。ようわかったよ、辛かったな、辛かったよな。だけど、君泣けないじゃないか。なぜかといったら泣かないように我慢してきたからだよ。わかるよ。大変だったな。

お母さん、この子自分のことを責めているみたいで……。責めることはないのにな、十分苦労しているから。

【患者】(しくしく泣き出す)

【由井】よかったな、もっともっと一生懸命泣くんだよ。もっともっと苦しかったと言うんだ

よ。一人で悩まないんだよ、いいか。もう一人じゃないからさ。今、この君の苦しみをみんなでシェアしたんだよ。素晴らしいことだ。こういうことは本当に君一人苦しんでいるんじゃないんだ。みんな、世の中でいじめに遭っている子というのはこうやって苦しんでいるんだ、みんなね。そしてとうとう学校へ行かなくなって家にずっといる。

君が大きく花を咲かせて、大きな器の大人になるために、この苦しみをまだ小さな君に与えているんだよ。いつかいじめた人を許せるように。でもその前に自分の正直な感情を表現することを許すことが大事なのだよ。悲しいんだということ。苦しいんだということ。

そして、いっぱい苦しんだ人を君ならわかるんだ。それを慈悲というんだよ。人の苦しみに共感する力だ。一緒に悲しむ力。一緒に怒る力。一緒に恐れる力。こういう苦しみのなかで慈悲の力が増えるんだよ。この苦しみのなかで君には慈悲が一杯増えたんだ。これは素晴らしいことなんだよ。

諦めずにこの人生を生きていくんだぞ。いいかい？　諦めそうになったら、必ずメールをよこすこと。約束だよ。

〈DVD終了〉

この子は霊性が高すぎて、学校の同級生も先生もこの子に対して、受け入れられないものを感じてしまうのですね。恐く感じたり、嫌な感じ、生意気な感じを受けてしまう。だから、相手から理不尽な怒りをぶつけられたり、差別されたり、排除されたりと、勝手に勘違いされ嫌な目にあわされることが多々あったと思うのです。本当に辛かったろうなと思います。

そうした出来事によって、「他者は自分をわかってくれない」という信念・価値観が形成され、悲しみと怒りの感情が生じ、その感情を我慢したためにインチャとなってものもらいが生じているというケースです。脊椎側弯症も背の低さも、全部このインチャから生じています。

レメディーは、随時に、神経サポートのなかにRuta（ルータ／ヘンルーダ）のレメディーとDaisen-w.（大山寺の湧き水）のレメディーを追加したものを指示しました。

ルータは無二の親友のことが信じられなくなり、常にだまされていると思う人に合い、大山寺の湧き水のレメディーは、この世に生まれて一つもよいことがなかったと思うほど、大事にされずに自分に自信がもてず、自己否定が強く、誰からも相手にされないで、人との関わりをうまく築けずに社会に出ていけない人、引きこもりのような人に合います。

朝は、Calc-s.（カルクソーファー／硫化カルシウム）のレメディーを指示しました。このレメディーは、骨の必須ミネラルを増やしてくれます。「自分は惨めなことになって当然の人間である」と思っている人に合います。

昼は、Tub.（チュバキュライナム／結核菌）のレメディーを指示しました。このレメディーは、骨のカリエスに合い、負けたくない恐れが強い人に合います。

夜は、Konyag-w.（白山の紺屋が池の水）のレメディーで、骨の病気をよくする働きがあります。誰かがそばにいないと生きていけない恐れの強い人が、そばに誰もいなくて一人でも、神仏がいるから生きていける、そういう気持ちにさせてくれるレメディーです。

◎ DVDの処方 ◎

随時：φ神経サポート＋Ruta　裏切り
＋大山寺の水　大事にされない

朝　：Calc-s.（硫化カルシウム）
骨の必須ミネラル　惨めになる

昼　：Tub.（結核傾向）
骨のカリエス　負けたくない恐れ

夜　：紺屋が池の水
骨の病気　神仏を信じる

恐れと骨の脆さは繋っています。人を頼りにするという、現実的なところしか見ていません。ご神仏さまを信じていません。ご神仏さまを信じていない人が骨が脆くなります。ご神仏さまを信じる力と骨の強さは比例するのです。

大学まで同じクラスメイトで行かなければいけない学校だから結構大変ですけれど……。でも負けることで彼女は楽になるはずなんでね。泣いたら、「辛かったんだね」と言ってくれる人も出てくるはずなんですね。常に強くあろうとするとどうしても、関係がうまくいかないかなと。負けることは大事ですね。

そして過去の我慢した感情、わかってもらえない悲しみと怒りを解放してあげる、表現させてあげること。また、わかってもらえるイメージをしてインチャの願いを叶えてあげることで症状が楽になっていくでしょう。

ちなみに、彼女はその後、クラス替えがあり、新しい友達もでき、前のクラスメイトからのいじめもなくなり、学校生活を楽しんでいます。よかったですね。

■自灯明《じとうみょう》・法灯明《ほうとうみょう》

仏教の開祖であるお釈迦さまがですね。死期が迫ったときに、弟子の一人から質問されました。

「お釈迦さまがお亡くなりになったら、私たちはいったい何を頼りに生きていけばいいのでしょうか？」

それに対してお釈迦さまは答えます。

「私がこの世を去った後、あなたたちはこの無明の世界で2つのものを頼りに進みなさい。1つは法灯明、法の灯《とも》す灯《あか》りを目標に進みなさい。もう1つは自灯明、自分の灯す灯りで足元を照らして進みなさい」

灯りとは価値観のことではないかと思います。価値観とは自分が進むべき道のことであり、生きる目的です。

全ての存在は目的をもって存在しています。「存在＝存在目的」であり、「存在目的＝魂」です。全ての存在は存在目的をもち、魂をもっています。

そして全ての生き物は生きる目的をもち、そうして目的達成のために生きています。

しかし、人は生きる目的を見失ってしまいました。親の「優秀でなければならない」などのこの世的な価値観を生きることで、自分本来の価値観がわからなくなってしまったのです。だから無明のなか、暗闇のなかにいます。

そもそも目的をもたなければ、どこにも到達できません。暗闇のなかを闇雲に歩いてもどこにも辿り着かないのです。どこかに辿り着くためには、目的、目標が必要なのです。目的に向かって進むこと、それが生きるということで、目的をもたず生きることは死んでいるのと同じです。

しかし正しい目的をもた

なければ、正しいゴールに到達することもありません。正しい目的をもってはじめてよりよく生きることが可能になるのです。

正しい目的、それが法灯明であり、お釈迦さまの教えであり、真理であり、魂の中核でありますす。その灯りを目標に生きていきなさい、ということですね。

一方で、無明の暗闇のなかを歩くには足元を照らす灯りが必要です。それがなければ、石に躓いて転んだり、沼地にはまって動けなくなったりしてしまいます。障害を乗り越えていくにはどうしても自灯明が必要になります。

自灯明の明かりは、自分で決めた目的、価値観ではないかと思います。何を善とするか、何を目指して生きていくかということです。何が大切かを自分で決めて、その目的に向かって歩みを進める。自灯明で頑張って歩く。

でも無理して頑張っているなら、親の価値観を生きていると思ったらいいです。たとえ親に反抗していたとしても、親の価値観からから逃れるために、新しい価値観で蓋をしただけです。ベースに親の価値観があるので、結局親に依存しているということなのです。

たとえば、親が地位や名誉を得ており、息子にもそうなることを望んでいるが、息子はぼんくらでそれはできそうもない。そこで息子は親に反骨し、親が知らないスピリチュアルの世界に自分の価値を見いだし、地位や名誉はくだらないものだと考え、精神性を高めようと頑張ります。しかし結局、心の奥深くでは、精神性を高めて、地位や名誉を得たいと思っているのです。親に抵抗している限り、親の価値観を超えることはできないのです。駄目な自分を認め、受け入れ、許し、そして愛することで、親の価値観の呪縛から解放され、真に自由になり、自分の価値を自分で決めることができるようになるのです。それは自分の足で立つということ。そしてそれが本当の自灯明です。自灯明を灯すには、駄目な自分を認め、許すという過程が必要なのです。

「親が言うようにやっぱり僕はぼんくらだ」「僕は親のようにはなれそうもない」「親が言うように僕は情けない劣った人間だ」と認める、親が言うことを受け入れる、でもそんな自分を許して愛する、ということ。

親に対抗意識で頑張っている限り、本当の自灯明は灯らないし、先には進めないんだよね。

自灯明のもう一つの意味は、自分自身を照らしていくということかなと思います。自分に自己肯定の光を捧げる。どんな自分でも肯定してあげるのです。駄目な自分でも肯定するんだ。それが自分の光で自分を明るくしてあげるということです。どんな駄目な自分でも肯定してあげることで、はじめて心から駄目な自分を認めることができるでしょ。駄目な自分を認めることができてはじめて、駄目な自分だったんだということも受け入れることができるでしょ。受け入れることができてはじめてそんな自分を許すということもできるでしょ。許すことができてはじめてそんな自分を愛することもできるでしょ。

駄目な自分を認め、駄目な自分を受け入れ、駄目な自分を許し、駄目な自分を愛するということ。

自分で自分を否定して頑張っている限り、そこには到達できません。心から駄目な自分を認めることもできないし、まして受け入れることも、許すことも、愛することなんか全然できません。だから、そうなるとまた親の価値観を信じて頑張る人生が付きまとうわけです。

今の自分を肯定する。それをしませんと理想の自分に到達することが決してできないのです。だって今の自分を否定しているから、空回りで一歩も進まないから。駄目な自分を許すことができて、はじめて、そこから出発できる。地に足をつけて出発することができるのです。

駄目な自分が許されると自信がつきます。自信とは自分を信じる力です。自分を信じる力とは、駄目な自分を許せる力です。どんなに駄目でもそんな自分を許せる＝信じられるなら、何も恐くはありません。自信に満ちています。もし駄目な自分が許されないと、恐くて駄目でなくなろうとして頑張ります。どんなに頑張っても不安が付きまといます。駄目な自分が許されていないからです。ここには自信はありません。自分の灯りを頼りに進むことが心許ないのは、自灯明の光が弱いから、自分の価値観ではなく人の価値観を生きているから、そして自信がないから。自灯明の光を強く輝かせるためには、自信をもつこと。そして自信をもつために、駄目な自分をどんどん許していくことです。

駄目でもいいじゃん。できなくてもいいじゃん。評価されなくたっていいじゃん。役に立たなくてもいいじゃん。馬鹿にされてもいいじゃん。失敗してもいいじゃん。笑われてもいいじゃん。と自分に言ってあげましょう。

このような許しがあって、自信がついて、人は光り輝くことができ、そうして前に進むことができるのだと思います。

失敗するたび、自分を責めて、自分はくずだ。役立たずだ、生きる価値もない人間だ、とやっているとどんどん自分から光を失ってしまいますね。私もよくやっていました。

等身大のありのままの自分を認め、許すことで、素の自分となり、そこから、本当に自分が望むこと、生きる目的を見つけ、生きていくことができるのだと思います。

どんなに弱く未熟で駄目な自分でも、そこには嘘偽りのない本当の自分がいるから、その本当の自分自身を頼りに進みなさいということだと思います。どこまでも自分に正直に生きる。そしたら、いつか自分の本当の願い、魂の目的が光り輝くようになるのではないかと思います。

だからね、先ほどの14歳の女の子もね、40名のクラスのなかで苦しめられてきたわけですけど、素直に「私は苦しいんだ」「誰か私と友達になってくれ」「私は寂しいんだ」とやっぱり言わなければいけないわけですよ。それが正直な自分、正直な願いであり、自灯明を灯すことなのです。ボロボロ泣いたら、40名いるなかで誰か一人ぐらいは彼女に共感してくれる人もいるでしょう。心ある人間が一人ぐらいいるはずだと思いますよ。だからツンとして何ごともなかったかのように、「私、入れてもらわなくても大丈夫」とやっているからさ、いじめが止まらないということもあるんだね。

彼女の場合は霊性が高いのでクラスメイトが幼く見えちゃうという問題もあります。そうすると、そういうのが態度に出ちゃうんだよね。そうするとやっぱりボイコットくらうわけですよ。だから霊性が高いとやっぱり苦しいのですよ。だけど、無視されたら、偉そうな自分を認め、弱い自分を認めて、そんな自分を許し、弱音をはいて、クラスメイトも許していくことができたら、もっともっとスムーズに行くのかなと思うんです。

本当の魂の願い、目的、本当の自灯明は、無視されても、意地悪されても、それでもこのクラスメイトを愛したい、仲間意識をもってともに頑張りたい、ということだと思うのですが、まだ14歳の子にそこまで求めるのはなかなか難しいです。

三つ目の自灯明は、謙虚さではないかと思います。

「君、仕事遅いね」と言われて、

「えっ？　私遅くないです。早いです」と言いたくなるところをぐっと堪えて、「いや待てよ。本当に遅いかも」と考えるように頑張るのです。

それは「自分が正しい」から、「自分は間違っているかもしれない」へ、そして、「自分は間違っているかもしれない」から、「自分は間違っていた」へ。

あるいは、「自分は優れている」から、「自分は劣っているかもしれない」へ、そして、「自分は劣っているかもしれない」から、「自分は劣っていた」へ。

それは、負けることですね。謙虚になることは、負けることでもあります。言うは易しですけどね、なかなか皆さんこれができない。もちろん、私もなかなかできませんよ。

負けることが恐いから。だから、負けることは苦しい。本当に負けることは苦しんだよ。

等身大の自分を突き付けられ、それを認めることは苦しいものです。

だから、一足飛びに負けることはできない。

だから、苦しみに耐える時間が必要なのです。

負けることを決断するまでの間に苦しみに耐える力、忍耐、辛抱が必要なのです。

私もある社員にぼろくそに言われましてね。私にも言い分があるから、その都度この子に「それは違うよ！」と言おうと思うのですよ。でもそこを堪えるんだ。

この子もインチャがいっぱいあってトップの私に親をだぶらせ、文句を言わずにはいられない。そういう弱さがあるんだということ。そこを認めてあげるんだな。苦しみに耐える時間がないとできないんだ。そしてこの子の言っていることも正しいかもしれないと思う努力をするのです。苦しいですよ。それは違うと思っていますからね。だけどそこを堪えて、「確かに、そうかもしれない」というところまでもっていくのです。

あるいは、その子のなかに自分自身を見て、「ああ、この子は私だ。自分のこういうところを私が許してなかった」というところまでもっていくのです。もし完全に乗り越えられたら感謝に変わるんですね。この苦しみが、ありがたいという気持ちに変わるんです。私もなかなか、感謝までいくことは少ないです。でも許せるところまではいくことが多くなりましたよ。皆さんも頑張って挑戦してみてください。

いずれにせよ耐える力が必要です。そして負けることを決意する勇気が必要です。

子どもには忍耐辛抱がありませんね。インチャは子どもだからなかなか耐えられないんだよね。だから大人のあなたが忍耐をもって辛抱しなければならない。

だけど大人のあなたも子どものままだったら、それはできないよね。

辛抱できない人に辛抱させようというのは、難しい。忍耐がない人は、まず忍耐を養う必要があるわけです。

山登りに行きましょう。夏の暑い炎天下に草取りしましょう。苦しいことを黙々とやることで忍耐力が養われるわけだね。人間関係では、むーっとしたときに、「ちょっと待てよ」と頭を冷やすために、その場を離れて、祝詞、般若心経をするのも1つの方法です。祝詞、般若心経をやっているうちに、「あっ、べつに言われてもいいじゃん」と思えるようになってくるんだよ。

否定されている出来事というのはね、実は等身大の君を教えてくれているわけ。だからありがたいんだよ。否定してくれる人というのは……。ご神仏さまが遣わせたんだ。君に等身大の自分を突き付け、謙虚にさせてくれようとしているんだ。だからこの6回否定してくれた社員、ありがたい存在なんだよ。まだ若いんだけどこの子、ありがたい。

若いから怖いもの知らずだから、いろんなことをばんばん言ってくるわけ。それを他の重役が見てみんな鼻を膨らませて、「なんで先生にこんなことを言って。注意してやる!」と言うわけ。「ちょっと待て。今言われたら困るんだ。絶対言わないでくれ。この子に言いたいだけのことを全部言わせてやってくれ。とにかく今注意しないでくれ」とお願いしているのです。

だってそこに自分が耐えられるだけの力があり、この子の言っていることに一理、二理、三理はあるなって思えるような自分になりたいからですよ。だから否定されても逃げないんだよ。等身大の自分、駄目な自分を受け入れて、はじめてそんな駄目な自分を許していくことができるし、それが駄目な自分を乗り越えるということだから。否定はありがたい。自力で忍耐をもって負けられる人というのは素晴らしいと思います。

自力で忍耐をもって負けられない人は、駄目な自分を認めざるを得ないような状況に追い込まれます。ご神仏さまがそういう状況を作ってくれるのですね。そしてにっちもさっちもいかない状況のなかで、やっと客観的に自分を見ることができ、等身大の自分を知り、やっと忍耐をもって等身大の自分を受け入れることができるんだね。

私の場合は潰瘍性大腸炎だったり、朝日新聞によるホメオパシーバッシングだったりしました。いやーそれはそれは大変でしたよ。朝日新聞には、追い詰められましたね。でもまあ百姓に逃げたかな、ホメオパシーから。そんなことはないか。ホメオパシーは続けていますから。逃げ場のないところで自分の負けを認めるしかなかったですね。朝日新聞は、ホメオパシーを亡きものにしようと意図をもってやってらっしゃったようなので……。

それでもね、私も傲慢でした。「予防接種は悪い。何をやっているんだ、医者は」とか、「血圧は130ぐらいで血圧が高いだと、ふざけるな」とか、なんかいろいろ言ってましたよ。ふざけるなが多かった。「君ら、赤色何号なんてペンキじゃないか。ペンキを食べ物に入れてどうするんだ」とか偉そうなことを言っていました。「モノソジウムグルタミンこんなの入れたら、頭がいかれて、いかれぽんちになっちゃうよ」とか、なんかもうすごい偉そうなことを言っていました。おかげさまで、今はそこまでは言いません。まだ思っていますけれど……。

このように人生のおりおりに、追いつめられ、逃げ場のないなかで、自分の負けを認めるしかないような出来事が起こりました。

しかし自分の負けを認めることで、不思議と心が安らかになっていったのです。やっと相手に原因を求めるのではなく、自分の中に原因を見つけることができるようになる。やっと自分の負けを認めることができ、やっと心が楽になり、ありがたいとさえ思う。このようになったのです。

「自分は簡単に負けを認めていますよ。いつも負けていますから」「すぐに自分は駄目だと思いますよ」と言う人がいます。だけど、それは自己卑下なんだな。自己卑下は、本当に負けることとは違うんだね。自己卑下というのは、負けを認めたくないから、自分を分裂させて、駄目でない自分をつくり、その駄目でない自分が駄目な自分を責める、攻撃するという構図があるのです。駄目な自分に対する怒りなんですね。これが自己卑下、自己否定の正体です。

その自己卑下したくなる気持ち、駄目な自分を責めたくなる気持ちをぐっと耐えるのです。責めないで真正面から駄目な自分に向き合い、駄目な自分を心から認め、受け入れる勇気が必要なのです。

「また失敗しちゃった。駄目だな俺。こんな俺は生きていてもしょうがない」と思いたい気持ちをぐっと堪えて、「また失敗しちゃった。俺はよくわかっていなかった。注意が足りなかった。未熟だった」と駄目な自分を素直に認めて、反省することが大事なのですね。責めないんですよ。そうしたら、「よし次はここを改善して頑張ろう」とよりよい自分になれるよう頑張れるんですね。

自分を責めていた方が楽なんですね。だって駄目な自分のせいにしていたら、次頑張らなくてもいいからです。失敗に対して自分が責任をとらなくてもいいからです。駄目な自分のせいにして責めていればいいのですから。そんな安易な方に逃げていては駄目なんですよ。しっかり自分の未熟さを真正面から見据えるんですよ。そして駄目な自分を真正面から認めるんですよ。そして駄目な自分を真正面から受け入れるんですよ。

駄目な自分を認めることが辛い、恐いから、駄目でない自分を作り出し、怒りで駄目な自分を責めるのです。

つまり、駄目な自分を認めるのではなく、駄目な自分を認めることから逃げているのです。自己卑下、自己否定というものは、自分に対する怒り、攻撃で、駄目な自分から逃げるための方策なのです。

人に怒りを向けるか、駄目な自分に怒りを向けるかの違いだけです。

駄目な自分を認めるのが怖いから怒りで、自分を否定する人を攻撃する。弱いから怒りで相手を攻撃する。同じく駄目な自分を認めるのが怖いから自己卑下で、自分を攻撃する。弱いから自己卑下で自分を攻撃するということです。

弱いから自分を強そうに見せなければならなくなる。弱いから自分を偉そうに見せなければならなくなる。弱いから謙虚じゃなくなるんです。

怒りで攻撃してくる人が非常に偉そうであるように、自己卑下、自己否定する人というも、実は非常に偉そうなんだ。わかったね。自己卑下、自己否定する人は、もっともっと謙虚にならなければいけない。

罪悪感、劣等感も同じです。劣等感は、どちらが優れているかという競争に負けたけど、本当には負けを認めていない状態です。自分が劣るということを本当には認めたくないから、自分を「優秀な自分」と「劣る自分」に分裂させて、「優秀な自分」が「劣る自分」を見下すという構図があります。負けを認めることもできず、かと言って戦う力もない。だから自分を見下すことに逃げているのです。

劣等感をもっているということは、劣る自分をきちんと認めていないということなのです。等身大の駄目な自分を認めていないということ。

もし正しく劣る自分を認めることができたなら、そしてそんな自分を受け入れて許すことができたなら、そのときこそ、自分が負けた相手を心から尊敬することができるはずなのです。心から相手を優れていると思えるからですね。そのとき劣等感というのはもはやないんですね。そのとき本当に謙虚になることができるのです。

さきほど私を6回も否定した社員、彼は実は父親への劣等感をもっているんですね。だけど自分が父親より劣っていることを認めることができないのです。劣等感を乗り越えようとして、対抗価値観で戦うことに逃げている状態です。

この劣等感の根本が、男性の場合、エディプスコンプレックスだったりします。嫉妬も劣等感の裏返しで、自分を責めるのではなく、相手を責めることに逃げているということです。

戦いに負けたけど、劣る自分を認めることができず、優れている自分と劣る自分に分裂させて、優れている自分が、優れている相手を攻撃するのです。

本当に駄目な自分を認めると、怒りではなく、悲しみに行くはずなのです。自分が駄目なことを勇気をもって真正面から見つめる。苦しく辛いけれど真正面から見つめる。自己否定して楽になりたい気持ちをぐっと堪える。あるいは、相手を否定して楽になりたい気持ちをぐっと堪える。そうしていると駄目でない自分と駄目な自分が融合しはじめ、やがて一つになるときがきます。

そのとき「ああ、自分は駄目な人間だ」と心から認めることができます。悲しくなって泣きたくなるかもしれません。そこには駄目な自分を責める気持ちはありません。

謝りたい気持ちになります。

こんな駄目な自分でごめんなさい。許してほしいという気持ちです。

だから母ちゃん、都合悪いときに生まれてごめんなさい。父ちゃんも死んだし、母ちゃんが働かなければいけない、そんなときに生まれてごめんなさい。本当に寅子は生まれるべきじゃなかった。申し訳なかった、申し訳なかったとずっと謝ったよ。そうしたらね、ある日イメージだけれど、あの鬼のような母親が「いやいや、もうそう言わんでいい。お前も家族の一員だよ」と言ってくれるイメージが出てきたんですよ。謝るって素晴らしいね。それは母親の身になったときにそれができたのですね。兄二人に婆ちゃんもいる。その上私までいたら、どんな気持ちになるか……。

うちは遺族年金ももらえなかったんですね。父親はガダルカナルに行って弾に当たって早いうちに帰されたけれど、後にそこが腐って死にました。だから本来なら遺族年金がもらえるはずなのにもらえなかった。実は父が死んで8年後に遺族年金が給付されていたらしいけれど、役場の人が、「由井家にはやる必要がない。あそこは後家さんだし、給付されていることも知らんし、知らないんだったらその金でみんなで酒飲もう」となって、みんなで酒盛りをしていたそうです。それを母の死後、兄は役場に勤める人の通報で知らされ、兄は怒りで手がぶるぶる震えたそうです。兄は結局、役場を訴えることもなく亡くなりました。

遺族年金ももらえず、４人の食い扶持を母親が一手に稼がなければならない。それはそれは大変だったろうと思います。

自己卑下しているときは、駄目でない自分と駄目な自分が分裂しているんだから、これを一つにしなければいけないんですね。で、一つにしたときに、「あー、やっぱり自分は大切なときにチョンボするな」「やっぱり自分はここ一番のときに失敗するんだな」と、なんか泣きたくなるんですよ。そういうときにね。でもそのときには責める気持ちはないんですね。なんか謝りたい気持ちになるかな。「こんな駄目な自分で御免なさい」「ここ一番大事なときに失敗してごめんなさい」という気持ちかな。

これは後悔とも違うんだよね。後悔には自分を責める意識がありますが、そうではなく、純粋に許してほしいという願いです。できない自分、失敗する自分を責めていない。大事なときに失敗する自分を純粋に許してほしいんだ。だから泣きたくなるんだよ。そのとき大事なことは、許されることなんだ。泣いて許しを求めていたら、許してあげなきゃいけない。許される感覚をその人に与えないといけない。本当の愛を与えるということ。それによってその人は救われるんだよね。

それから、よく竹を割ったようなさっぱりした性格とか言いますけれど、これも駄目な自分と向き合うことから逃げている姿だったりします。それはくだらないことだと割り切ろうとする人も同じです。

たとえば、選手に選ばれると思っていたのに選ばれなかった。このとき、選ぶ人間に問題があるとか、そんなことはくだらないことだとか、大義名分を振りかざして言い訳するとか、そういうところにもっていって、その場をおさめるわけです。何が足りなかったんだろうと謙虚に自分を見つめることができると一歩前に進めるんだけど、相手が悪いとかそんなのくだらないこととしている限り、同じところで足踏みすることになるんですね。

自灯明を灯すには駄目な自分を認めて許す過程が必要だと言いましたよね。駄目な自分を認めるには、自己肯定という自灯明の灯りがいるんだったよね。「失敗したけどよくやった。寅ちゃんよくやった」という自己肯定、全然駄目だけど「それでもいいんだよ」という自己肯定がいるんだ。これが一つの自灯明の光です。そしてもう一つが謙虚さという自灯明だったよね。この謙虚さ、自分に対するいい意味での疑いですね。

自分は本当に仕事が速いのか？　これがないと駄目な自分を認めることができません。そしてこの謙虚さ、自分に対するいい意味での疑い、自分を客観視する能力、これこそが、自灯明と言えるかもしれません。

謙虚さと言う自灯明をもって、駄目な自分を認め続け、そんな駄目な自分を許し続けた先に、何ものにも囚われない境地、本当の自灯明が灯り、親や社会の価値観ではない、本当の自分の価値観、魂そのもの、自分の命そのものを生きることができるようになるのだと思います。

魂、命は、自然の一部です。自然は神さまです。本当の自分の価値観は、自然から学ぶことができます。そしてその自然の価値観が神さまなのです。その神さまが自分に宿っているのです。

神道では教えはなく、謙虚になって自ら何が正しいかを自然から学びます。自然から、何が正しいかを教えてもらうのです。そういう意味で神道には法灯明がなく、厳しくもあります。

太陽は、悪人も善人も分け隔てなく照らします。

海はどんな汚れた川も受け入れます。

岩は何事にも動じません。

澄み切った青空、澄み切った清水から、清く生きることを学び、道ばたの岸に、どんな環境でも受け入れて生きることを学び、小さな花をつけて咲く花に、どんな自分でも誇りをもって生きることを学びます。

桜の花の散り際の潔さに、今を精一杯生きることを学びます。

自然とともに生きることで魂の栄養が養われるのです。

このように何を善とするかを自然から学び、それを自分の生きる道とする。これが惟神《かんながら》の道であり、自灯明でもあり、やがて法灯明（真理）に到達するのだと思います。何れにせよ、自然＝神を頼りに生きる、これが惟神の道、神道だと思うのです。

しかし、人間世界で生きることで、この世的価値観にまみれ、自然の正しさがわからなくなってしまいます。この世で生きていくには、お釈迦様の教え、仏教のような法灯明が必要なのかもしれません。法灯明とは真理の教えであり、本当に正しい教えです。現在、多種多様な教えがあり、どの教えを法灯明として信じるかがとても大事になります。

信じることは魂の属性です。信じることが間違っていたら魂を直接的に穢してしまいます。そして間違った方向に進んでしまいます。逆に信じることが正しければ、魂を成長させる道となります。

皆さんが正しい教えと巡り合えますことを願っております。

■ケース　40代・男性

この人は、不安障害と鬱、言葉では表現できないほどの落ち込みがあります。げっぷ、吐き気、胃の膨満感と痛み、だるさ、倦怠感、息切れがあり、暑いときにはベールが貼っているようで息がしにくい、めまい、頻尿などの不定愁訴があります。

姉が自殺、その後、母が自殺、父が危篤という状態で、そのおりおりで鬱やパニック状態になった人です。不定愁訴も誰かが亡くなるたびにひどくなっています。

この人にはカルマがありました。7代前の男性の人が、40名ほど叩き殺しているのです。その人を救うためにこの人が、先祖のカルマを受けとったのです。もちろんお姉さん、お母さんもこの先祖のカルマを受けとったのだけれど、受けとり切れなくて自殺したのでしょう。

お姉さんとお母さんの供養もしなければいけないわ、7代前の40名を叩き殺した先祖のカルマの解消もしなければいけないわ、それはそれは大変な人生の人です。

ではＤＶＤを見ましょう。

〈ＤＶＤケース　１回目〉

【由井】一番苦しいのは何ですか？

【患者】心はやっぱり憂鬱な気分とか漠然とした不安感です。体は今は痺れとめまいです。

【由井】どのように？

【患者】酔ったような感じです。あとはだるさ、倦怠感です。

【由井】どこに？　体全体的にですか。

【患者】体もそうですね。

【由井】気持ちも乗らないということね。

【患者】そうですね、すごい疲れた感じがして、人間ってここまでだるくなるんだ、というぐらいだるくなる感じがして……。

【由井】どのような感じでお母さんは亡くなったの？

【患者】首を吊りました。

【由井】どこで？　発見したのは誰ですか？

【患者】発見したのは僕です。

【由井】それがあったんだ……。

【患者】そうです。もう本当にホラー映画の一シーンみたいでした。

【由井】そうか……。

【患者】11月末の寒い夜で、雨も降っていました。本当に夜も遅いのに母がいないなと思って家を探してもいない、じゃあもう一回家を見てみようと上に上がって、今度は違う入り口から入ったら……、要するにこういう感じで母はここで首を吊っていたので、最初の入り口から見ても見えなかったのですね。でもこっちから入ったら、首を吊っている姿が見えて発見したのです……。僕、会社をクビになったのですね。

【由井】この頃?

【患者】母が自殺するちょっと前に。やっぱりそれが結構大きなショックだったらしくて。

【由井】なぜクビになったの?

【患者】パワハラなんですけど、成果を出していないという理由でクビになりましたね。

【由井】それを伝えたら母親ががっかりしたんだね。

【患者】それはもう母親にとって大きいショックでしたね。その後大きなきっかけとなったのが税務署からちょっと調査が入ったのですけれど、それに対してすごい不安になって、税務署が家の財産を全部持っていくと思ってしまって……。でももともとは姉の自殺がありました。

【由井】お姉さんの自殺は、お母さん自殺する何年前だったの？

【患者】姉が１９９９年で、母が２００６年ですね。

【由井】じゃあ、７年ぐらい前ですね。

【患者】追い込まれて飛び降りたんです。

【由井】７代前の母方の男性が、40人ほど殺しているんですわ。そのカルマの解消をしなければいけないんですよ。これをしないことにはまた命とられるようなことになっちゃうので。

【患者】母は５人兄弟なんですけれど、なんで他の叔父とか叔母とか他の兄弟は何もないのですか？

【由井】どうかな。私は彼らがどういう苦しい思いをしているか知らないけれど。

【患者】いや、普通ですよ。

【由井】そうしたら、「自分はそのカルマを受けとらない」と言ったんじゃないですか。

【患者】受け取らないと……。

【由井】お母さんもお姉さんも先祖のカルマを受けとろうと思って、苦しい人生となることを覚悟の上で生まれてきたのだけれど、あまりにも人生が辛いから、耐えられなかった、受け入れられなかった、というところかなと思うね。あなたも先祖のカルマの解消をしようと思って生まれてきた。あなた自身はわからないだろうけれど。だからこのように非常に苦しい思いをしているんだと思うのね。不定愁訴は、そこから来ていると思います。

あなたには子どもがいますよね。

【患者】はい。

【由井】その子がそのカルマを引き継がなければいけないというのはかわいそうだと思うんだよね。

【患者】そうですね。もう始まっています。

【由井】何が始まっているの？

【患者】8歳のときにもう自殺すると言われました。

【由井】女の子？　男の子？

【患者】男の子です。すごい明るい子です。

【由井】そうしたら、あなたが先祖のカルマの解消をやってあげることでこの子も救われる。

【患者】すごい明るくて元気で社交的な子なんですけど、種が植えられてしまいました。

完全に自己否定、落ち込んだらもう何を言っても駄目です。完全に自己否定、自己嫌悪に陥っちゃって。自分は生きる価値がない、死ぬ。そういうようなことを言いますね。

【由井】自分とよく似ているじゃないですか、息子さんもね。

【患者】そういう精神状態になってしまうと死ぬしかないと思ってしまうんですね。自分の意志とかでどうこうできるような状態ではなくなってしまうのですよ。その理性というかそういうものは失ってしまって。選択肢がそこしかなくなってしまうんです。

【由井】キーは君だね。少なくとも君には信仰心がまだあるからだ。君しかできないかな。

【患者】教会の門をくぐって本当に助かっています。カトリックのですね。ずっと海外で育って。いろんな国を転々と回っていわゆる転勤族だったのですね。

やっぱり自分を守るためにやられたらやり返す。10倍やり返す。

【由井】で、クビ切られて戦ったのですか？

【患者】はい。

【由井】今になってみるとどうですかね？　戦ってよかったですか？

【患者】後悔はないですね。もっとやればよかったと思うことはあります。

【由井】会社にもその人にも痛手をくらわしたという感じですかね？

【患者】少しはあるんじゃないかなと。結局、彼は消えてしまいました。たぶん肩たたきにあって今どこにいるか誰もわからない。

【由井】フランス人？

【患者】フランス人です。

【由井】それがカルマになるんだよ。相手は恨むでしょ、君のことを。

【患者】そうかもしれないですね。

【由井】恨みますね。

【患者】どこかで止めなければいけないのはわかっています。わかっています。上司に限らずね。やっぱり子どもも学校でね、いろいろあります。子どもには、いじめられたとき最初に「止めてよ」と言いなさい、それでも止めなければ先生に言いなさい、それでも止めなければ、やり返しなさい、と言っています。

【由井】あなたは8歳のときにマラリアに罹っているよね。

【患者】ありとあらゆる治療、ヒーラーの方にお世話になりました。もうやれること全て、カウンセリング、催眠療法、お祓い、サイマティックスとか、この人すごいという人のところに行ったのですけれどね。この12年間地獄でしたね。自分で企画してきたのかな？

この人生を。

【由井】企画してきたんです。私が一番大事だと思うことは、あなたの自殺に向かう勢いをどうやってくい止めるかです。人生が苦しくなるとそっちの方に逃げちゃうので、そこをどうくい止められるかということなのよね。それぐらい重いカルマだということを自分のなかに落とし込んでいかなければいけない。確かにそれは君がやったことじゃないかもしれない。不公平だと思うかもしれない。しかし、その7代前の先祖を救えるのは、今のところあなたなんだよね。だからやってあげないと。息子が大変なことにならないためにも、あなたの代でやっていかなければいけない。

【患者】光がいつぐらいに見えますかね？

【由井】君がいつぐらいに見たいかだよ。

【患者】それはもう決まっているんですかね、時期が。

【由井】決まってない。君がどれぐらいの覚悟でやるかだ。それによって何か月なのか、何年になるか、何十年になるか。その答えは君のなかで君が知っているんだよ。今までそういう心霊療法とか行って、このことは一度も言われたことがないですか？

【患者】誰も7代前のことは言いませんでした。

【由井】40人殺した、皆殺しにしたこと。

【患者】誰もそれは教えてくれませんでした。

【由井】気持ちが落ち込んだとき、うまくいかないとき、そういうときにめげないということだ。いろいろいいも悪いもあるから、人生では。これが人生なんだから。

【患者】めげないといっても8歳の子どもに自殺すると言われると……。

【由井】それぐらい彼が否定されたくないというか、自分が否定されないときはいいんだろうけれど、否定されるとすごくこう弱い。

【患者】そうそうそう。

【由井】それが弱さなんですよ。あなたもそうだけれど。否定されたって死にはしないのにね。でも、そのときにあなたががっかりした顔をしないようにすることだ。本当に彼を救うのは自分だと思ってね。もっと密に彼と接してあげてください。

【患者】はい、わかりました。

【由井】そんなところかな。

（DVDケース　1回目終了）

はい、まあこういう人もいますね。7代前の人は、生まれ変われるのなら、本人がこの世で苦しんでカルマの解消すればいいんですけど、あまりにもカルマが重すぎて生まれ変わることができないのです。そうすると子孫がそのカルマを受けとって減らしていくしかないので、そうなると6代前、5代前、4代前、3代前、2代前の人は、なんでやらなかったのかとなるけれど、もしかしたらやってて、ここまで減ったのかもしれない。40人殺したカルマというのはものすごく重いですからね。あるいは、嫌だといってカルマを受けとらなかったのかもしれない。少なくともこの人は慈悲心が多く、果敢にも自分がやりましょうと言った魂なのね。でもいざ肉体をもって生まれると苦しいんだね。姉さんもお母さんもやりましょうと言ったけれど、結局志半ばで自殺してしまった。そんな感じです。

この人はクリスチャンだけれど、般若心経、祝詞をやるように言いました。やらなければ先に進めないからですね。私はクリスチャンじゃないのでどういう言葉を言ったらカルマを減らせるかよくわからないのです。私は祝詞、般若心経しか知らないからですね。ですから「ぜひそれをやってください、最初は歌を歌うようにやってください」と言いました。クリスチャンの人はなかなかやってくれない人が多いんだけれど、この人はやりましたね。

レメディーやマザーチンクチャーは、次のようなものを指示しました。マザーチンクチャーという薬草酒のなかに素晴らしいものがあります。

まず、バーバリス（セイヨウメギ）。これはカルマの解消に有効です。

ダイオスコリア（山芋）。これは仏性発起ができます。

プランテーゴ（オオバコ）。この人にもいろいろな障り（霊性の低い目に見えない存在）が憑いています。そういうのをとってくれます。

カーディアス・マリアナス（オオアザミ）。信仰心を増やしてくれます。

これらのマザーチンクチャーをとってもらいました。

◎ DVD 1回目の処方 ◎

随時：φ Berb（セイヨウメギ）＋φ Dios（野生ヤマイモ）
＋φ Plan（オオバコ）＋φ Card-m（オオアザミ）

朝：Ars.（ヒ素）
クンダリーニにエネルギーを整える働き

昼：Malar.（マラリア）
神性や仏性があることを信じていない

夜：Chin.（キナの樹皮）
鬱　希望が持てない　マラリア

そしてレメディーは、朝にアーセニカム（ヒ素）のレメディーです。このレメディーは、クンダリーニエネルギー（神さまのエネルギー）を整える働きがあります。ヒ素とは言っても希釈震盪していますから、毒性は全くありません。

昼にマラリア（マラリア）のレメディーです。この人は8歳でマラリアに罹っています。マラリアに罹る人は、自分のなかに神性や仏性があることを信じていません。まあいろいろ辛いことがこの方ありましたからね。仏さまがいたら助けてくれたはずだと。神さまは助けてくれないのかと思って信じられなくなったのは、これはいたしかたないです。マラリアを希釈震盪したレメディーを指示しました。

夜にチャイナ（キナの皮）のレメディーです。鬱、希望がない、こういう人に合うレメディーです。

これらのマザーチンクチャーとレメディーをとってもらいました。それから3か月に1回ぐらいのペースで来てもらい、1年と4か月経ちました。DVDをどうぞ。

〈DVDケース　2回目〉

【由井】あなたはやっぱり真面目だな、偉いなと思ってね。

【患者】はい。

【由井】まず一つにね。インチャのコースに入学して勉強してくれたことが一つ。一生懸命、真摯に自分を救おうとしていることが一つ。そして祝詞、般若心経をして何とか救われたいと思っていることが一つ。また人に感謝しようとしているところ。こういうところが素晴らしい。

【患者】ありがとうございます。不思議にですね、今年に入ってから仕事がですね、すごくうまくいってしまうのですね。本当に奇跡的にうまくいってしまうのです。今までは本当に勉強も仕事も何でもこれでもかというぐらいうまくいかなかったのが、仕事をお願いしても、１お願いすると本当に10ぐらい戻ってくる。なんでこんなことが起きるんだろうと自分のなかで不思議なぐらい。みんなもなんでここまで協力してくれるんだろうと思うぐらい協力してくれてですね。本当にもちろんみんなに感謝はしているんですけれど、有り得ないんですね。ここまでうまくいくというのが。自分の体にも感謝なんですけれど、ギリギリでもよく乗り越えているなと思って。

昨年、あるいは一昨年の自分と比べると本当にとんでもない進歩というか、すごいなと自分でも実感しております。痺れもだいぶ楽になりまして。ひどいときに比べるとたぶん半分ぐらいよくなったと思います。本当にだいぶ良くなって、最近あまり感じることがありません。憂鬱な気分が本当にだいぶ楽になりましたね。これが一番辛かったのですけれど。

【由井】よかったね。あなたが救われたら息子さんも救われる。

【患者】息子は徐々に学校に行きだして、２学期は笑顔で「わー楽しかった。今日いい点がとれたんだ、僕は天才だ」という日もあります。自分に関してはかなり前向きになってきました。一見いやだなと思うことをこれは何か意味があってやっているんだろうな、意味があって起きているんだろうな、というような学びがあるのかもしれない、と考えていろんなことを前向きにとらえられるようになりました。

【由井】素晴らしい。それは苦しみを感謝に変える極意です。それは本当に霊性が高くないと苦しみのなかでそのような見方はできないのね。そういう意味では祝詞、般若心経をやっているから霊性が上がってそういう見方ができるようになっただろうし、そういう見方をして苦しみを受け入れていけたから、その霊性が自分のものとなっていったのでしょう。

【患者】そうですね。いろんなことが受け入れられるようになりましたね。

【由井】よろしい。それが幸せというものだ。受け入れないことが苦しみだから。お母さんは君がいるのにもかかわらず、やっぱり死ぬしかなかったんだよ、彼女はね。八方塞がりでものすごく大変だったから。もちろん君も八方塞がりだったんだよ。でも君は求めたんだよ。ここから抜け出すことを求めたということ。そして八方塞がりのなかで、その苦しみを受け入れたから、出口に繫がる道を歩むことができたんだよ。まあ十分こういう大変な思いをしてきたけれども、よくぞ死ぬことなく、自分を再生したいと思い、そしてこうね、どん底から浮かび上がってきたなと思って、偉かったな。

【患者】ありがとうございます。今は、そうですね。なるべく命を大切にするようにしています。車通勤をするから、たまに動物が引かれているのを目にするんです。

【由井】ありますね。

【患者】ちゃんと手を合わせてお祈りをします。そういう風に自分は変わっていっています。先ほど虚無の世界のお話をしましたけれど、そこに行くと自殺したくなってしまうんですよ。

【由井】わかりますよ。自己無価値感、自己否定の行き着くところが虚無だから。

【患者】ですからそこからそうですね、我に戻るというか冷静になれるかなれないかという、なれなかったらやっぱり自殺しちゃうんですね。

【由井】日本には根強く、人に迷惑をかけてはいけないという道徳があるんだよ。すごく根強いんだ。

【患者】そうですね。

【由井】ここが日本人の自殺率の高い一番の問題じゃないかと私は思っているわけよ。

【患者】恥の社会なんですね。

【由井】そうなるとそういうことを言うのは弱い、恥だ、言ってはいけない。自分の弱みはひたすら隠して、この世的なそういう価値観、道徳に侵されていたんだろうなって思うわけ。自己否定感に苛まれ、それを許してもらうことができない。だって誰にも言わないから。虚無というのは愛のない世界。もし誰かに打ち明けられたら、その人を通して愛が多少なりとも流れ込んでくるかもしれないのに、それがない。「駄目でもいいよ」と言ってくれる人が必要なんだね。「生きていてもいいんだよ」と言ってくれる人が必要なんだね。「それは苦しいな」と共感してくれる人が必要なんだね。そのためには人に迷惑をかけてもいいから、人に苦しいんだと言わないと。

【患者】はい、感謝の気持ちはなるべく持つようにしています。エレベーターに乗ってもエレベーターに感謝しています。ごみを捨てるときもちゃんと手を合わせて「お世話になりました、ありがとうございました」と。周りの人には変だと思われるかもしれないですけれど、なるべく全てのものに感謝するようにしております。

最初に先生もおっしゃっていましたけれど、八百万の神、何にでも神さまがいるという考えからするとですね、やっぱり生活を楽にしてくれた、助けてくれた、便利にしてくれたというものに対しても感謝すべきことなのかなと思っております。

【由井】素晴らしい。感謝は謙虚にならないとできないから、それだけあなたは謙虚になれたということ。謙虚になれたということは駄目な自分を認めて許せるようになったということで、それだけ愛が増えたということ。この調子で頑張ってください。そして無理なときはしなくてもよろしいから。できない自分を責めないこと。

【患者】はい。

【由井】よろしくお願いします。

【患者】ありがとうございます。

（ＤＶＤケース　２回目終了）

1年と4か月でこのように変わりました。霊性は20倍になりました。本当に素晴らしいです。実は最初の予測では、このまま行ったら1年後に彼は自殺するだろうというものでした。しかし、見事にこうやって自分を生きようとしてくれまして感謝のできる素晴らしい人間になってくれました。このように人は変わることができます。でもそれには正しい教えが必要です。目指すべき方向を教えてもらわなければ、どうしたって人は苦しみのなかで神仏を見失い、絶望、恨み、憎しみ、自己無価値感、虚無へと向かってしまいます。

私は夢のなかで虚無の世界に行ったことがあります。そこは全てが灰色の世界でした。一切の生命はなく、岩や石も土もない、灰色だけがある世界です。人が行くべき世界ではありません。私は子どもの頃、この虚無の世界に行くのが恐くて、母親から叩かれていても、そこに繋がりがあることの喜びを感じていました。もし母親から無視されていたら、生きてはいなかったと思います。

虚無の世界に行かないためにも、法灯明と自灯明という教えが必要なのですね。やはり神さま仏さまを恨んでばかりいては先には進めないわけですよ。

苦しみのなかで必要なのは神仏に救いを求めるということだと思うのです。神仏ではなくてもいい、人でもいいです。救われるというのは、許されるということです。

救いを求めるという行為は、その前に自分は罪深い人間であると認めなければなりません。自分が罪深い人間であると真に認めたら、人は自ずと救いを求めるのです。自己否定している限り、自分で自分を罰している限り、救いを求めることはありません。あなた自身が自分が救われることを許していないからです。あなた自身が自分が罪深い人間であることを認めることから逃げているからです。要するに、あなたという人間は2つに分裂し、罪深い人間である自分と、その罪深い自分を裁く罪深くない自分を作り出しているのです。だから神さまはあなたは罪深い人間ですよと認識させるために、罪深い人間であると認識させるような出来事を生じさせます。

心の奥深く、自分は罪深い人間であると信じているのに、そこを真正面から見ることなく、逃げていたら、駄目なのです。素直に罪深い自分を認めて、謙虚に救いを求めるのです。許されることを求めるのです。神仏に真剣に許しを求めたら、許さない神仏はいません。いつか必ず許された感覚が得られるでしょう。たとえ神仏に許されなくても、自分で自分を許す力が培われます。一生懸命許しを求めていると、いつかそんな自分をかわいそうに思う自分が出てきて、もういいよ、誰も許さなくても私が許すよと言ってくれるそんな優しい自分が現れてきます。もともとあなたは罪深い人間なんかじゃなかった。だけどこの世的価値観で駄目な人、役に立たない人、迷惑な人、存在価値のない人になってしまい、そんな自分を認めるのが辛いから、自分を分裂させて、駄目な自分を罰するようになってしまっただけなのです。だから神さまは、まずは自分は駄目だったと素直に認められるように、自分の駄目さを証明するような同種の苦しみを与えてくれるのです。駄目な自分を認めてはじめて、そんな自分を許すということが可能になるからです。

実はもともと許されていた。許さなかったのは自分自身だったのですね。でも自分で自分を許すことは難しいから、ご神仏さまに縋ったらいいんですよ。「私はこんなに悪い人間です。こんなに駄目な人間です。どうか許してください」とお願いするんですよ。

更なる苦しみは、さらに自分を否定し虚無へと向かわせるかもしれませんが、更なる苦しみだけが、人を謙虚にさせ、救いを求める道に向かわせると思うのですね。だから、苦しみというのは、悪いものじゃないわけですよ。でも正しい教えがあったらもっと楽に救われると思うのです。それが自灯明・法灯明だと思うのです。

■星の王子さま

私の小さい頃の心の支えは『星の王子さま』でした。家にはその本しかなかったのですね。その本を何回も何回も読みました。もし家にある一冊の本が『共産党宣言』だったら、私の人生はまた違ったものになっていたかと思います。家にある本が『星の王子さま』で本当によかったなと思っています。

星の王子さまは、たった一人である星に住んでいました。私も地球でたった一人、一人ぼっちの自分。それは星の王子さまと同じだな、と読むたびに星の王子さまと自分をだぶらせていましたね。でもバラという、星の王子さまを慰めてくれる存在が出てきてよかったと思っていました。

なんかね、最後に星の王子さまはどこに行っちゃったんだろうと読むたびに泣けてきましたけれど……。

星の王子さまは大事なものは目に見えないと言います。魂や心、それも目には見えません、思いやり愛も目に見えません。大事なものは目に見えないということを私はこの本で教わりました。

星の王子さまは、旅の末にね、自分のバラに対する愛情や責任について、なんかね、気づいたんだね。そして自分の星に帰る方法を探します。自分がバラと絆を結んでいたことを自覚します。そして、同時にバラに対して責任というのが自分にはあるんだと自覚して、自分の星に帰ろうとしました。

かつて自分の星に一人ぼっちで住んでいた王子さまにとってね、ある日咲いたバラはね、大事な存在だったんだろうなと思います。

しかしバラの気まぐれな態度に、だんだんバラの優しさとか信じられなくなった王子さまはね、彼女を置いて自分の星を去ることにしました。

別れの挨拶をしに行ったときに、そのバラが自分を責めないんですね。はじめて知る彼女のね、バラの弱さに王子さまは驚きました。しかし気持ちの整理がつかないまま出発のときがきてしまい、旅に出たのです。

縁があってかつては心を癒してくれたバラの存在、たとえその後、バラがわがままばかり言って、その存在が疎ましくなったとしても、そのバラを見捨てていいとはなりません。

本当に愛すべきもの、本当に大切なものは身近にいるんだということ。

いろんな価値観があるけれど、そんな価値観なんて本当はどうでもよかったんだということ。本当の価値、それは存在そのものにあった。存在そのものが価値だった。勉強できなかろうが、仕事できなかろうが、存在してくれているだけで、それだけでよかったんだということ。それに星の王子さまは気づいたのではないでしょうか。それは失ってはじめてわかることかもしれません。大事なことは目に見えないから……。

そして存在し続けてくれたバラにね、憎まれ口を叩かれようが、ただひたすらに尽くしたいと思ったのではないでしょうか。

王子さまは、バラがツンとして強がっていた、その裏で、王子さまに嫌われてしまうこと、独りぼっちになることを恐れて震えていたことにやっと気づいたのでしょう。そして、本当はただのありふれたバラに過ぎない自分であることを悲しんで、心で泣いていたことにやっと気づいたのでしょう。実際、旅に出る前の王子さまは、そのバラが宇宙に1つしかない特別なバラだと信じて、だから大切にしていたからです。

しかし旅を終えようとしている今、王子さまはバラが本当に求めていたものがわかったのだと思います。バラが本当に求めていたもの、それは、宇宙のどこにでもある、ありふれたただのバラだけど、そんな自分をただ愛してほしかった。ただそばにいてほしかった。ただただそれだけだったんだということ。

そして、王子さまは、本当に大切なことに気付かせてくれたそのバラに、ただただ感謝しかなかったのではないかと思います。そして一刻も早く自分の星に戻り、ありのままのバラをそのままに愛したいと思ったのだと思います。

『星の王子さま』は、私の魂を知らず知らずのうちに育ててくれていました。故にこの人生辛かったけれど、死にはしませんでした。

自然もそうでした。私の消えかけた魂の光を再び灯してくれました。

自然と『星の王子さま』、すごくありがたかった。

■エピローグ

等身大の母親を認め、受け入れ、許し、愛したかった。あんな辛かったんだから。生まれる前に亡くなった父親を認め、受け入れ、許し、愛したかった。私を殺そうとした母だったけれど、私を殺すことなく、首を絞めたその手を緩めてくれた。私は死ぬことなく15歳になるまでは育ててくれて、ご飯を食べさせてくれて、養ってくれた。それだけでありがたかった。

わが子を愛せないというのも理由があります。わが子を愛せないことで悩みもしただろうし、苦しかっただろうなと思います。まして殺そうとしたことへの罪悪感もあったでしょう。父親が死んでいないというのに、生まれてきた私を不憫に思ったこともあったのかもしれません。

私の彼氏だった人と一緒に山口の実家に行ったとき、私が台所に行っている隙に、母が彼のところに行き、「あの子は不憫な子だから、どうか裏切らないでやってほしい」とお願いしたそうです。あの大きな母親が身をかがめて小さくなって、頭を下げてお願いしたというのです。母が死ぬずっと前の出来事ですが、最近その彼から教えてもらいました。

そんな等身大の母を認めて、そんな母を愛していこうと思いました。私を殺そうとした母、そして殺されて当然の私。存在価値もない私だから、最低の場所に行くことができました。最低の場所に行くことができたからすべてを拝むことができました。最低の場所に行くこともできたから、謙虚にもなれました。最低の場所に行って、そこでよしとできたから、自己卑下が減りました。誠にありがたい。最低の場所は、虚無と隣り合わせの最高の場所でした。

ただただ母親に尽くしたいと今は思うのです。生まれ変わるなら、もう一度この母の元に生まれようと思います。嫌われても殺されかかってもただただ母ちゃんに尽くしたいと思います。そんな気持ちにさせてくれた母ちゃんに、ただただ感謝しかないです。

星の王子さまのバラへの気持ち、そこにやっと私も到達することができました。

先ほどのケースの人もいつか殺人を犯した先祖、そして自殺した親、兄弟、その方々にただただ尽くしたい、先祖供養をしたいと思う日が来ると信じています。

最低の自分になれること。それは何と素晴らしいことであるか。最低の自分を許せること、それはなんという平安をもたらすことか。最低の自分に落ち着くこと。それは何という謙虚さと感謝をもたらすことか。生きているだけでありがたい、空気を吸えるだけでありがたい、ましてご飯があるなんてとてもありがたい。

謙虚になって等身大の自分を認め、負け、受け入れ、愛し、楽になり、自分の力で生きてきたという傲慢さがどんどん崩れ去り、気づくほどに生かされていることがわかってくる。

木曽御嶽山に峯入りしたとき、生かされているなんてものじゃない。ご神仏さま、人間たち、動植物、微生物にいたるまで、束になってこの私を支えてくれている。そうしてかろうじて私はこの世界に立っていられるのだ、という洞察を得ました。その支えがなかったら、私など一瞬でこなごなに砕け散ってしまうだろうということがわかったのです。

そうして、感謝が増え、人に対しても等身大のその人、今現在のその人、その人がいかに悪かろうがいかに駄目であろうが、今現在のその人を受け入れ、光で照らしてあげる。これが本当の利他ではないでしょうか。等身大の自分を認め、受け入れてもらえたら、誰もがそこから出発することができる。やっと足踏み状態から前に進むことができます。人は駄目な自分を受け入れてもらえることで、前に進むことができるのです。

究極の等身大とは、どの人も最低なんだということ。どの人も最低であり、誰もがそこから逃げている。誰もがそこから逃げているから、一歩も進むことができない。何も変えることができない。

最低の自分を認めてはじめて、やっと本当に前に進むことができます。最低の自分を認めてはじめて、願いを叶えるための正しい努力ができます。最低の自分を認めてはじめて、本当に自分の価値を高めることができます。その価値とは、人に尽くすことのできる価値、万物に尽くすことのできる価値です。それは人を愛し、全てを愛するということ。それが見返りを求めない利他であり、愛そのものであります。それがあなたの本当の価値であり、それがあなたの命・魂そのものなんだということ。

尽くすべき人は身近にいます。あまりにも身近にいるから、それがわからないんだね。自分の子どもだったり、夫だったり、婆ちゃんだったり、爺ちゃんだったり、友達だったり、社員だったり、同僚だったりね。

だけど、あなたを殺さず、死なさず、生み、育て、養ってくれた親。これこそが尊敬し、感謝しても感謝が尽きない人じゃないでしょうかね。

確かにさっきのケースの人のように、7代前の先祖が悪党だったかもしれませんよ、でもその人が命を繋いでくれたからこそ、今、彼の命があるわけだよね。

命を繋いでくれた先祖の方々に感謝し、そして等身大のあなたを突き付け、そしてあなたの心をかき乱してくれた人々、すべての命を根底から支えてくれている土壌菌、大自然、そして、生まれたときからずっと見守ってくれている、生まれた土地の神さま、仏さま、それらの存在に真っ先に尽くすべきではないでしょうか。ありがたいと感謝を伝えるべきじゃないかということです。

そして、それが信仰心のベースだと思うのです。

ご清聴いただきありがとうございました。

■講演者紹介　由井寅子（ゆい・とらこ）

ホメオパシー名誉博士／ホメオパシー博士（Hon.Dr.Hom／Ph.D.Hom）
日本ホメオパシー医学協会（JPHMA）名誉会長
英国ホメオパシー医学協会（HMA）認定ホメオパス
英国ホメオパス連合（ARH）認定ホメオパス
カレッジ・オブ・ホリスティック・ホメオパシー（CHhom）学長
農業法人 日本豊受自然農株式会社代表

著書、訳書、DVD多数。

代表作に『キッズ・トラウマ』『バイタル・エレメント』『ホメオパシー的信仰』『インナーチャイルド癒しの実践DVD』『インナーチャイルドの理論と癒しの実践』『病原体とインナーチャイルド』など（以上ホメオパシー出版）、『毒と私』（幻冬舎メディアコンサルティング）がある。

■ Torako Yui オフィシャルサイト http://torakoyui.com/

インナーチャイルド癒しの実践1〜8

由井寅子のホメオパシー講演 DVDシリーズ

由井寅子 講演（各2時間前後） 各1,300円＋税
インナーチャイルド癒しとは、抑圧した感情の解放と価値観の解放のこと。毎回テーマをもち、そのための実践的な方法を明らかにする。つらく苦しい出来事を感謝に変え、人生を幸せなものにするためのインチャDVDシリーズ。毎回、感動のケースも必見。〈1, 4〜8 英語版あり〉

1

とらこ先生の故郷をたずねる第１章から始まり、インナーチャイルドとは、10段階の感情（インチャ）の変遷、インチャ癒しの手順についての解説など。

2

インチャ癒しの極意は、「感情」と「価値観」の解放にあり。正直な自分の思いを解放し、受け止め、根底にある「愛してほしい」という願いをかなえる。

3

抑圧した思い、感情や、感情の奥にあるこの世的価値観を解放する方法を解説。つらく苦しい出来事を感謝に変え、人生を幸せにするため大事なこととは？

4

「苦しみは本当の幸せへと導くもの」苦しみはなぜ生じるのかを図解しながら、幸せになるための三つの方法やインチャ癒しを明らかにしていく。

5

新･幸せになるための三つの方法で、この世的願いをもちつつ幸せになる方法を詳解。とらこ先生が洞察した真理が、女性性と母性の関係に統合されていく。

6

人間は体・心・魂、それぞれに命をもち、体の命が終わっても心と魂の命は終わらない。ケースを通し、魂本来の命を生きるための奥義を解説する。

7

奥義シリーズ第二弾。愛されない恐れ、怒りや憂い。幼少時のつらい感情をさらけ出し、親の価値観を越え、自分の本当の価値を取り戻そう。

8

優れようと頑張らず、プライドで闘わず負けることで、根本にある「駄目な自分」に戻り、自分を許そう。3時間を超える、インチャ癒しの集大成！

幸せに生きられる ZEN ホメオパシー 1

新・ホメオパシー入門

由井寅子 講演／著　四六判・144 頁　1,200 円+税
2018 年の講演録をもとに『由井寅子のホメオパシー入門』を大幅改訂。体と心と魂を三位一体で治癒に導く ZEN ホメオパシーをわかりやすく解説した新・入門書。ホメオパシーの基本原理から、インチャ癒しや霊性向上、マヤズム、科学的な根拠など、最新の情報も網羅する。

幸せに生きられる ZEN ホメオパシー 2

病原体とインナーチャイルド[DVD]

由井寅子 講演（全編 2 時間 34 分）　1,000 円+税
2018 年 4 月 8 日新潟講演を収録。知られざる予防接種のメカニズム、子どもが罹る病気の真の役割、各感染症とインナーチャイルドの関係などが語られる。予防（病原体）レメディーでインナーチャイルドを癒し、感染症を予防するためには？　知りたい方は必見！

幸せに生きられる ZEN ホメオパシー 2

病原体とインナーチャイルド[BOOK]

由井寅子 講演／著　四六判・160 頁　1,300 円+税
病原体の起源はインチャにあり！　病原体も含め、一見悪と思えることは、自分の潜在意識にある歪みを映す鏡として存在する。感染症を克服することでインナーチャイルドが癒され、この世的価値観が緩む。『ZEN ホメオパシー』への理解が深まる一冊。〈英語版あり〉

幸せに生きられる ZEN ホメオパシー 3

お彼岸とインナーチャイルド[DVD]

由井寅子 講演（全編 2 時間 57 分）　1,000 円+税
2018 年 9 月 22 日の講演を収録。ふたつのケースを通して、死とは、命とは何か、人はなんのために生きるのかを見つめなおす。先祖供養の大切さ、信仰の尊さに気づかせてくれる DVD。インナーチャイルドとこの世的価値観の命を全うさせることで、自分本来の命が輝き出す！

幸せに生きられる ZEN ホメオパシー 3

お彼岸とインナーチャイルド[BOOK]

由井寅子 講演／著　四六判・160 頁　1,300 円+税
2018 年春秋『お彼岸セミナー』の講演録に加筆・編集。死後、ほんとうの人生を彩るための極意が語られる。愛する我が子を亡くした母が、苦しい別離を乗り越えていく姿を追った、ふたつのケースも必見だ。これぞ彼岸に至る道。会得するためのヒントが満載！

幸せに生きられる ZEN ホメオパシー4

カルマとインナーチャイルド[DVD]

由井寅子 講演（全編2時間59分） 1,000円+税

2019年8月11日お盆スペシャル版講演録を加筆・編集。体・心・魂、各レベルで存在するカルマ、自分と相手に対するカルマ、カルマとインナーチャイルドの関係、カルマを作らない生き方など、とらこ先生が洞察したカルマ論は、目からウロコの必聴。

幸せに生きられる ZEN ホメオパシー4

カルマとインナーチャイルド[BOOK]

由井寅子 講演／著　四六判・176頁　1,300円+税

体・心・魂、各レベルで存在するカルマ、カルマを作らない生き方など、とらこ先生が洞察したカルマ論は、目からウロコの必読。苦しい出来事の背景には、深い意味があることを理解し、肯定的に受けとることで幸せが増えた3つのケースはどれも一読の価値あり。

幸せに生きられる ZEN ホメオパシー5

信仰心を目覚めさせ幸せに生きる！[DVD]

由井寅子 講演（全編2時間40分） 1,000円+税

2019年3月9日名古屋講演を収録。「全てに対する感謝と尊敬の心こそが信仰心の本質」比叡山でのおみくじをきっかけに、深い信仰心が目覚めるまでを、実直に語る姿が胸を打つ。信仰心を取り戻し幸せに生きる、ふたつのケースもまた、魂を揺さぶられることだろう。

幸せに生きられる ZEN ホメオパシー5

信仰心を目覚めさせ幸せに生きる！〈1〉[BOOK]

由井寅子 講演／著　四六判・152頁　1,300円+税

2019年3月9日名古屋講演録に加筆・編集。「全てに対する感謝と尊敬の心こそが信仰心の本質」比叡山でのおみくじをきっかけに、深い信仰心が目覚めるまでを、実直に語る姿が胸を打つ。信仰心を取り戻し幸せに生きる、ふたつのケースもまた、魂を揺さぶられる。

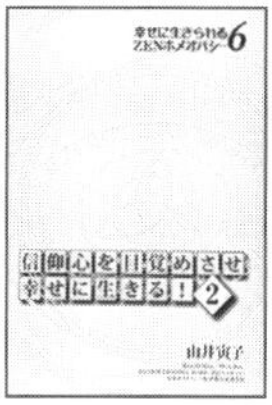

幸せに生きられる ZEN ホメオパシー6

信仰心を目覚めさせ幸せに生きる！〈2〉[BOOK]

由井寅子 講演／著　四六判・128頁　1,300円＋税

2019年12月8日の東京講演を収録。信仰心を目覚めさせる講演の第2弾（完結編）。第1弾の信仰心に対する洞察を更に深めていく。信仰心の「心」に焦点を当て、理想的な自分に近づくための奥義は興味深い。信仰心を取り戻し幸せに生きる2つのケースも必見。

ホメオパシー的生き方シリーズ　⑥とらこ先生通信
ホメオパシー的哲学、真に生きるための奥義書

由井寅子 著　四六判・332 頁　1,600 円+税
「oasis」に 10 年間にわたり連載された、幻の『とらこ先生通信』が単行本で復活。真に生きるための哲学書ともいえる、スピリチュアルエッセイ。夢と現実、死と再生、天使と悪魔、自由と平等など有漏路と無漏路をつなぐホメオパシー理論がいっぱい！〈英語版あり〉

ホメオパシー的生き方シリーズ　⑦ホメオパシー的信仰
目覚めよ、日本人！

由井寅子 著　四六判・244 頁　1,300 円+税
信仰心とは大いなる存在に生かされていることに対する感謝の念。大いなるものを敬い、畏怖する心。失われた信仰心、日本人としての誇りを取り戻せば、この苦難をきっと乗り越えられる！　命の本質と生きることの意味を明らかにする、日本人の必読書。〈英語版あり〉

感情日記
インナーチャイルド癒し手帖　日付フリー式

由井寅子 著　80 頁　B6 判・700 円+税
記入式実践ダイアリー。日々の出来事で生じる感情から、①過去の抑圧した感情（インチャの正体）を探り解放する。②感情を生じさせた価値観により否定されていた過去を探り、価値観という呪縛から解放する。インチャ癒しに本気で取り組みたい方は必携のアイテム。

ファー・イースト・フラワーエッセンス ガイドブック

東 昭史，浅野典子 共著／由井 寅子監修　A5判・160頁　1,200円+税
フラワーエッセンス研究家・東昭史が、日本固有種から 21 種類を選りすぐり、エッセンスの特徴、使い方などを解説する。また、共著・浅野典子による詩は、読む人に強いインスピレーションをもたらすことだろう。

三倍祝福されたハート
愛とホメオパシー

ディディエ・グランジョージ 著／由井寅子 監訳
四六判・176 頁　1,400 円+税
長年、小児科医、またホメオパスとして治療にあたってきた著者が、幾多の臨床例と、福音書や神話、社会現象などオールラウンドなエピソードをもとに、ホメオパシーのスピリチュアルな側面を紹介する。

インナーチャイルドの理論と癒しの実践
初心者からプロのセラピストまで

由井寅子 著　四六判・248 頁　1,500 円+税
まったく新しい心理学とも言える、インナーチャイルド概論。インチャが生まれる過程を、段階を追って解説する。また、病気の土壌となりうるマヤズムとの関係や、インチャの癒し方まで、全てを網羅し、凝縮した一冊。〈英語版あり〉

人生は負けるためにある
インナーチャイルド癒しの実践8 講演録

由井寅子 講演／著　四六判・192 頁　1,300 円+税
インナーチャイルド癒しの入門書として最適。DVD化された2017年札幌講演と、同年・東京講演の講演録から抜粋、編集した、講演録シリーズ第一弾。講演会では語り尽くせなかったエピソードなど一部加筆し、より詳細に知ることができ、理解も深まる。〈英語版あり〉

ホメオパシーガイドブック①
ホメオパシー in Japan

由井寅子 著　A5判変形・264 頁　1,500 円+税
とらこ先生による、日本一読まれているホメオパシー入門書。ホメオパシーの歴史、基本原理、使い方から、使用頻度の高い計38種類のレメディーの解説まで盛りだくさん。症状から適したレメディーを引けるレパートリー付き。〈英語版あり〉

ホメオパシーガイドブック③
キッズ・トラウマ

由井寅子 著　A5判・248 頁　1,600 円+税
子どものかかる病気や成長過程で遭遇する心身のショックに合わせて選ばれた、36 種類のレメディーのガイド書。インナーチャイルドにも対応するロングセラー。子どもはもちろん、子どものころのトラウマを癒したい大人にも有益。

ホメオパシーガイドブック⑧
ハーブ・マザーチンクチャー（Φ）

由井寅子 著　A5判・256 頁　1,500 円+税
難病を治癒に導くとらこ先生の ZEN メソッドの一角を担うマザーチンクチャー（Φ）。その全貌を 40の症例とともに紹介した贅沢な書。50種類のハーブΦと 60 種類のサポートチンクチャーを網羅。慢性病治療から日々の健康増進まで。症状別レパートリー付き。オールカラー。〈英語版あり〉

幸せに生きられるZENホメオパシー7

人生を幸せに生きるための奥義

2021年2月11日　初版 第一刷 発行

講演者　　由井 寅子

発行所　　ホメオパシー出版株式会社
〒158-0096　東京都世田谷区玉川台2-2-3
TEL:03-5797-3161　FAX:03-5797-3162
E-mail　　info@homoeopathy-books.co.jp
ホメオパシー出版　http://homoeopathy-books.co.jp/

ISBN978-4-86347-129-0 C2011